UNIVERSITÉ DE PARIS. — FACULTÉ DE DROIT

ESSAI

SUR LE

FELLAH ALGÉRIEN

THÈSE POUR LE DOCTORAT

Présentée et soutenue le lundi 23 mars 1903, à 8 heures 1/2

PAR

JOOST van VOLLENHOVEN

ANCIEN ÉLÈVE BREVETÉ DE L'ÉCOLE COLONIALE
LAURÉAT DE L'ÉCOLE DE DROIT D'ALGER

Président : M. ESTOUBLON,

Suffragants : { MM. LEVEILLÉ
LESEUR, } *professeurs*

PARIS

LIBRAIRIE NOUVELLE DE DROIT ET DE JURISPRUDENCE

ARTHUR ROUSSEAU

ÉDITEUR

14, RUE SOUFFLOT ET RUE TOULLIER, 13

1903

Imp. J. Thévenot, Saint-Dizier (Haute-Marne).

THÈSE

POUR LE DOCTORAT

UNIVERSITÉ DE PARIS. — FACULTÉ DE DROIT

ESSAI

SUR LE

FELLAH ALGÉRIEN

THÈSE POUR LE DOCTORAT

L'ACTE PUBLIC SUR LES MATIÈRES CI-APRÈS
Sera soutenu le lundi 23 mars 1903, à 8 heures 1/2

PAR

JOOST van VOLLENHOVEN

ANCIEN ÉLÈVE BREVETÉ DE L'ÉCOLE COLONIALE
LAURÉAT DE L'ÉCOLE DE DROIT D'ALGER

Président : M. ESTOUBLON.

Suffragants : { MM. LEVEILLÉ / LESEUR, } *professeurs*

PARIS

LIBRAIRIE NOUVELLE DE DROIT ET DE JURISPRUDENCE

ARTHUR ROUSSEAU

ÉDITEUR

14, RUE SOUFFLOT ET RUE TOULLIER, 13

1903

ESSAI

SUR

LE FELLAH ALGÉRIEN

PRÉFACE

L'exposé de la condition de plus de trois millions d'indigènes, l'étude de l'influence de la colonisation française sur leur production, tel est l'objet que nous nous sommes proposé dans cet ouvrage et dont certes il n'est pas nécessaire de démontrer l'intérêt. Nous avons par contre à nous défendre d'avoir osé l'entreprendre.

Il fut un temps où le nom même d'Algérie ne parut pas assez vaste pour notre conquête. Oublieux de siècles d'efforts constants et de luttes glorieuses sur d'autres points du littoral africain, on réserva le nom d'établissements français en Afrique aux rares ports algériens qu'occupaient nos garnisons. Quand plus tard la conquête fut achevée et que l'Algérie, après n'avoir été qu'un nom français, devint une terre française, on fit des distinctions. Le plus régulièrement, le plus symétriquement du monde, on divisa le pays en trois bandes parallèles à la mer, le Tell, les Hauts-Plateaux et le Sahara. La nature dut se plier à nos classifications. Les géographes bâtirent d'imaginaires murailles, les chaînes de l'Atlas ; les ethnographes peuplèrent les trois compartiments de populations différentes et l'administration séduite par cette trinité pensa donner au Tell la commune de plein exercice, aux Plateaux la commune mixte, au Sahara la commune militaire. La rigide ordonnance des systèmes et l'arbitraire de ces casiers dans lesquels, par avance, on voulait ranger les régions et les tribus, ont amené les plus déplorables erreurs. C'est pour unifier le Tell qu'on détruisit l'organisation démocratique, vertueuse et forte de plusieurs siècles, de la Kabylie et c'est parce que les Plateaux avaient été décrétés steppes inhabitables, qu'on abandonna aux bureaux arabes ces magnifiques terres du Sud (Saïda, Daya dans le département d'Oran, Tiaret dans celui d'Alger) dont la fertilité incomparable dépasse de beaucoup celle du Tell. On ne semblait avoir d'autres soucis que de ménager les latitudes et le fatidique chiffre trois. Depuis, les dures leçons de l'expérience ont dessillé nos yeux. Le Tell n'est plus une bande côtière homogène, mais un agrégat de cellules géographiques diverses ; on reconnaît que dans les Hauts-Plateaux, on peut cultiver autre chose que de l'alfa et après bien des luttes et bien des explorations, notre cerveau, si accessible aux hâtives généralisations et si rebelle aux faits, consentira peut-être à ne plus voir dans le Sahara, une vaste plage de sable jaune, qu'une mer capricieuse aurait momentanément découverte. A la trilogie algérienne succédait la diversité algérienne : les chaînes de montagnes se morcelaient et en même temps que les géographes algériens entreprenaient l'étude des massifs distincts, habités par des peuplades distinctes, les économistes découvraient des régions autonomes, différentes par leur vie sociale, différentes par leur vie économique et dont les différences étaient accusées encore par les inégalités de la colonisation, s'implantant tantôt en maître, concourant tantôt avec l'indigène ou en demeurant totalement ignorée. La diversité algérienne devint article de foi ; sans cesse on eut le *distinguo* sur les lèvres et pour la question même qui nous occupe les avertissements n'ont pas manqué. Et les auteurs, et l'administration surtout, insistent sur les déconcertants contrastes et les dangereuses généralisations auxquelles on s'expose en entreprenant, non pas l'étude du paysan indigène dans tel ou tel arrondissement, telle ou telle commune même, mais dans toute l'Algérie.

Ces sages conseils n'ont pas été sans nous impressionner et au cours des études qui ont précédé ce travail, nous avons eu bien souvent l'occasion d'en apprécier le bienfondé. Mais encore est-il permis de faire observer que cette diversité est plutôt une nuance dans les effets qu'une divergence dans les causes. Avant notre venue en Algérie, ce peuple, exception faite pour les Berbères, vivait à peu près d'une manière uniforme ; les espaces étaient vastes et les terres fertiles, les habitants peu nombreux et des plus paresseux, le gouvernement était tyrannique ; pour toutes ces raisons les populations menaient une vie seminomade, pratiquaient la culture extensive, superficielle et pourvoyaient pour le surplus à leur entretien, par leurs troupeaux. Or elles allaient se trouver en présence d'une race qui, par sa mentalité, son caractère et son activité surtout, lui était absolument opposée. Il est certain que la pénétration de cette race par la colonisation, ne s'est pas faite partout également et que s'il est des régions, comme la Mitidja par exemple, où le producteur indigène est presqu'aussi rare qu'en Beauce ou en Limagne, il en est d'autres, au contraire, où le colon n'a point encore apparu et une même, la Kabylie, où il ne pénétrera jamais. Mais en tenant compte de ces degrés dans l'intensité des effets, et il est permis de croire qu'avec le temps beaucoup disparaîtront, la cause fondamentale de la transformation de la production indigène, c'est-à-dire l'influence de la colonisation, le bien ou le mal qu'elle peut faire, sont les mêmes. Dans telle région ces effets sont embryonnaires, dans telle autre presque déformés par les exagérations, mais dans toutes ils existent ou existeront. C'est l'action de cette colonisation, de ses lois et de ses hommes, que nous avons essayé d'analyser. Ceci nous a paru d'autant plus nécessaire que la tentative n'en avait pas été faite encore. La propriété indigène a été étudiée et l'a été magistralement ; le propriétaire indigène, jamais. Il y a quelque danger à les séparer. Certainement, la question de propriété domine les autres, mais quand le fellah a sa parcelle, il doit l'exploiter, quels sont ses procédés de culture ? quel est son crédit ? Quels sont les impôts qui grèvent sa production ? et si, et c'est le cas pour la majeure partie des producteurs, les revenus de la terre ne sont pas suffisants, quel ouvrage ce paysan peut-il trouver. Tout s'enchaîne étroitement. Enfin, la monographie locale, encore qu'elle exige un très long séjour et une profonde connaissance des hommes et des choses, aboutit presque fatalement à des conclusions, d'autant plus suspectes qu'elles n'ont à leur appui qu'un nombre restreint d'observations et d'autant plus difficiles à formuler, que par suite de l'étroitesse du cadre, les problèmes économiques n'ont qu'une trop grande tendance à se transformer en querelles de personnes.

Nous avons commencé cet ouvrage par une brève introduction historique, d'abord parce que, étudiant une évolution il était nécessaire d'en fixer le point de départ ; puis, parce que chez ces peuplades primitives les traditions se perpétuent toujours vives et fortes ; enfin parce que l'on ne saurait jamais trop insister sur l'anarchie et la tyrannie de la régence, que d'aucuns qualifient encore de gouvernement national et d'autres de pouvoir fortement centralisé, admirablement organisé, sachant, par on ne sait quels miracles, imposer avec 1.200 soldats ses volontés à trois millions d'indigènes, dispersés dans un pays plus grand que la France. Nous avons abordé ensuite l'œuvre réglementaire de la colonisation française. Il était naturel que sur le régime foncier (chap. II) nous n'ayons pu donner des aperçus nouveaux, nous nous sommes principalement attachés à mettre en lumière les effets économiques des lois ; dans un appendice il nous a paru intéressant de signaler la curieuse et instructive évolution du régime forestier. Le régime financier, au contraire (chap. III), la deuxième œuvre réglementaire de la colonisation française, n'avait point fait encore l'objet d'une étude complète ; c'était une lacune à combler, nous nous sommes efforcés de le faire. Mais l'œuvre de la colonisation a été bien plus celle des hommes que celle des lois. Nous avons tenté (chap. IV) de présenter le producteur indigène en concurrence avec le producteur européen et de rechercher les effets de cette concurrence. Il était ensuite tout indiqué (chap. V) de mettre en lumière les bienfaits que le fellah reçoit de la colonisation, qui lui apprend des procédés de culture plus perfectionnés et l'assiste de ses salaires. Enfin dans un dernier chapitre (chap. VI), nous avons montré les louables efforts faits par l'administration algérienne pour protéger le producteur indigène. D'une manière générale, nous nous sommes bien plus attachés à exposer ce qui était, qu'à rechercher ce qui devait être ; nous avons été sobres de conclusions, mais encore tenons-nous à affirmer, dès maintenant, l'étroite corrélation qu'il y a à notre sens, entre les intérêts des colons et ceux des indigènes. S'il y a dans cette étude de fervents plaidoyers pour ceux-ci, on n'y trouvera pas un seul mot qui ne soit de sincère admiration pour ceux-là. Défions-nous, dans la métropole, d'une sensiblerie généreuse, mais dangereuse pour l'indigène lui-même. Prétendre que les colons ont, par leurs exactions et leurs spoliations, causé la ruine de l'indigène est plus qu'une odieuse calomnie, c'est d'une ridicule ignorance économique. Les abus de quelques milliers d'hommes ne peuvent causer la misère de tout un peuple. Ce ne sont pas les hommes, ce sont les lois naturelles qui sont coupables. Il y a eu lutte économique, dans cette lutte l'indigène a été vaincu, parce qu'il était le plus faible : il serait étrange de reprocher à son vainqueur sa trop grande énergie. Mais il faut savoir distinguer du colon, du travailleur, le soi-disant parti de la colonisation, composé de théoriciens, publicistes ou politiciens, parti de haine, qui a été aussi funeste au producteur européen qu'au producteur indigène, qui a failli compromettre le sort de l'Algérie, qui a créé et propagé cette funeste erreur, si répandue dans le pays qu'il faut choisir entre la colonisation et les indigènes, que les intérêts de l'une et des autres sont inconciliables, qu'il faut être arabophobe ou arabophile. Au cours de ce travail, et certes nous n'avons point innové ici, nous nous sommes efforcés de demeurer arabojustes. Tout comme au colon, le progrès économique profite à l'indigène ; mais moins avancé que celui-là, celui-ci progresse plus lentement. Le colon aurait tort de s'en impatienter. La forte natalité de la population indigène empêche un refoulement contre lequel protestent toutes nos traditions coloniales ; bon gré, mal gré, colons et indigènes doivent vivre ensemble sur cette terre d'Algérie, tous deux ont intérêt à ce que le pays prospère. Jamais la barque n'avancera, si les rameurs ne vont pas en cadence.

Pour tenter cet *Essai* nous ne pouvions souhaiter meilleure préparation que les cours professés par notre éminent maître, M. le professeur R. Estoublon, tant à l'Ecole Coloniale qu'à la Faculté de Droit de Paris. A Paris, nous avons pu faire l'étude théorique de la question. Le Code de l'Algérie, de MM. Estoublon et Lefébure, les nombreuses et intéressantes publications du Gouvernement Général de l'Algérie, les ouvrages d'auteurs qui sont devenus classiques, nous ont permis d'avoir ici même un aperçu de l'œuvre réglementaire et des résultats les plus généraux de la colonisation. Nous avons indiqué, dans une courte bibliographie à la tête de chaque chapitre, ceux de ces ouvrages dont la lecture a été pour nous la plus précieuse et dont l'étude nous était indispensable pour notre travail. Mais nous tenons à mentionner spécialement les remarquables travaux de M. le juge Pouyanne qui, dans tout le cours de notre ouvrage, ont été pour nous les guides les plus sûrs et les plus complets. Nous nous sommes transportés ensuite à Alger pour juger de plus près et plus sainement de la complexité des questions et pour y trouver une documentation plus abondante, plus détaillée et plus neuve. M. le gouverneur général Révoil a bien voulu nous accorder les plus grandes facilités pour nos recherches. Il nous sera permis de renouveler ici à l'éminent homme d'Etat, qui préside avec

tant d'autorité aux destinées de l'Algérie, l'expression de
notre très vive et très respectueuse reconnaissance.
MM. Luciani et de Peyerimhoff, directeurs au Gouvernement Général, nous ont grandement facilité notre tâche
dans leurs services respectifs ; nous leur en témoignons
à nouveau notre gratitude. MM. Rolland, directeur des
contributions directes à Alger et Bernard, inspecteur
des contributions ; MM. Delorme, rédacteur principal
au Gouvernement Général de l'Algérie et Maris, l'actif
et dévoué secrétaire de la Commission de protection
de la propriété indigène, ont bien voulu nous aider
de leurs conseils et de leur expérience. Enfin, après
avoir acquis à Alger une vue plus exacte et plus complète des choses, il nous a paru de toute nécessité de
faire en Algérie un voyage pour nous rendre compte
des résultats obtenus et juger de l'œuvre sur son chantier. MM. les administrateurs L. Montière et G. Zim-
mermann ; MM. J. Gex, L. Mermier et A. J. van Vollenhoven, nous ont fourni les plus précieuses indications.
Nous leur adressons nos vifs remerciements. Nul n'a plus
que nous conscience de la difficulté de la tâche entreprise,
nul ne sait mieux les lacunes que présente ce travail. Mais
encore sommes-nous persuadés qu'il peut présenter quelque intérêt, quelques-unes des questions qui y sont trai-
tées n'ayant encore fait l'objet d'aucune étude, ou étant
exposées par nous sur des documents nouveaux et inédits.
Nous nous estimerions largement payés de nos efforts, s'ils
pouvaient contribuer au progrès d'une colonie, que plus de
soixante-dix ans de vicissitudes ont rattachée étroitement à
la France et à celui d'un peuple qui, s'il mérite beaucoup
de sévérité, est digne aussi de beaucoup de pitié.

Paris, Mars 1903.

CHAPITRE PREMIER

L'ALGÉRIE TURQUE

I. — Le gouvernement.
II. — La vie sociale.

I

Il faut imaginer un gouvernement qui n'a cure de l'intérêt général et ne songe qu'à satisfaire ses ambitions particulières. Il faut imaginer ces ambitions aussi viles que possible ; ce ne seront pas l'amour de la gloire ou quelque folle utopie désintéressée, mais une insatiable soif d'argent et de luxure. Il faut imaginer ces instincts

Consulter sur ce chapitre : Devoulx, *Tachrifat, Recueil de documents sur l'ancienne régence d'Alger* ; — Federmann et Aucapitaine, *Le beylick de Titteri*, Alger, Revue africaine, t. XI ; — de Grammont, *Histoire d'Alger sous la domination turque*, Paris, 1887 ; — Hanoteau et Letourneux, *La Kabylie et les coutumes kabyles*, Paris, 1892 ; — Laugier de Tassy, *Histoire du royaume d'Alger*, Amsterdam, 1725 ; — Laynaud, *Notice sur la propriété foncière en Algérie*, Alger, 1900 ; — Liorel, *La Kabylie du Djurdjura*, Paris, 1894 ; — Mercier, *La propriété foncière chez les musulmans d'Algérie*, Alger 1898 ; *La propriété foncière musulmane en Algérie*, Alger, 1898 ; *Histoire de l'Afrique septentrionale* ; — Peyssonnel et Desfontaines, *Voyages dans les régences de Tunis et d'Alger*, publié par Dureau de la Malle, Paris, 1838 ; — Pouyanne, *La propriété foncière en Algérie*, Alger, 1900 ; — Renaudot, *Tableau du royaume, de la ville d'Alger et de ses environs*, Paris, 1830 ; — Rinn, *Le royaume d'Alger sous le dernier Dey*, Alger,

chez un peuple qui, par ses mœurs barbares, a toujours
soulevé l'horreur de l'humanité et qui par sa duplicité
savante est devenu l'objet de l'universelle méfiance. Bien
plus, il faut les prêter à la lie d'un tel peuple, si toutefois
on peut imaginer ce que peut être cette lie et lui confier,
pour leur donner libre carrière, l'administration d'un
pays immense, où tout est à faire et où tout se fait difficilement, où vit une population orientale, indolente, endo-
lorie par une longue suite d'invasions et d'exactions, in-
quiète, méfiante, mais fataliste et portée à se soumettre
docilement, parce qu'elle est trop déchue pour concevoir
l'indépendance. On saura alors de quelle manière les corsaires, que les Algériens appelèrent à leur secours au
XVIe siècle, envisagèrent le problème du gouvernement
et hélas aussi, de quelle façon ils le résolurent aux dépens
des populations qui avaient invoqué leur concours.
Il est des gouvernements pires que l'anarchie et le gouvernement turc fut de ceux-là. Sans ces maîtres qu'il
s'était si imprudemment donnés, le fellah algérien eût,

1900 ; — Robe, *Essai sur l'histoire de la propriété en Algérie*, Bône,
1848 ; *Origine, formation et état actuel de la propriété en Algérie*,
Paris, 1885 ; — Sabatier, *Déposition devant la commission d'enquête
du Sénat*, Paris. 1892 ; — Shaler, *Sketches of the State of Algier*,
Boston, 1826 ; — Trapani, *Alger tel qu'il est*, Paris, 1830 ; — Villot,
Mœurs, coutumes et institutions des indigènes de l'Algérie, Alger, 1888 ;
— Walsin Esterhazy, *De la domination turque dans l'ancienne régence
d'Alger*, Paris, 1840 ; *Notice historique sur le Maghzen d'Oran*, Paris,
1843 ; — Worms, *Recherches sur la constitution de la propriété terri-
toriale dans les pays musulmans et subsidiairement en Algérie*, Paris,
1846. — On trouvera au surplus dans les premiers rapports des gouverneurs, intitulés : *État actuel de l'Algérie*, ainsi que dans les premières statistiques fournies au Parlement, intitulées : *Tableau des établissements français en Algérie*, de précieux renseignements, tant sur
les procédés du gouvernement turc, que sur la vie sociale des indigènes.

par le seul jeu des lois naturelles, trouvé dans les tribus, organismes rudimentaires, quelques garanties de sécurité et de stabilité. Son monde eût été borné, mais à part les dissensions intestines et les querelles avec les voisins, il y eût vécu en paix. Maintenant, il allait non seulement souffrir du désordre provoqué par l'abstention d'un pouvoir central, faillissant à ses plus élémentaires devoirs d'état-gendarme, mais encore être exploité par l'habile canaillerie de ce gouvernement de bandits, principal fauteur de désordres dans un pays qu'il eût dû rassurer, perpétuelle menace pour les vies et les fortunes qu'il devait protéger.

Cette occupation turque, plusieurs fois séculaire, nous apparaît comme un très fragile et très lâche protectorat. De même que la Turquie revêt plutôt la forme de l'occupation temporaire d'une terre conquise que celle d'une constitution d'État homogène, avec ses besoins communs, ses aspirations et ses haines nationales, de même nous retrouvons en Algérie une absence totale d'organisation complète et réfléchie ; chaque région conserve son mode d'administration propre et encore ce mode varie-t-il suivant les circonstances. Si fragile était cette autorité et si mobile, qu'à juste titre on pouvait dire que deux fois par an, à l'occasion de la perception des impôts, des conquêtes partielles, variables d'importance selon l'énergie des commandants et le nombre de leurs soldats, les besoins du Trésor ou le désespoir des contribuables, venaient accroître temporairement le domaine des deys. C'est cette extrême fragilité, ce sont ces improvisations perpétuelles qui sont cause de tant d'incertitudes et de tant de controverses et qui font qu'aujourd'hui encore, on a peine à apprécier ce qu'était exactement l'Algérie turque, son étendue, son organisation.

L'éminent historien algérien qu'est M. Rinn, évalue à 15.365.000 hectares la superficie de l'Algérie turque. Encore, sur ces quinze millions d'hectares, y en avait-il 7.540.000, c'est-à-dire près de la moitié qui n'étaient guère qu'une zone d'influence. C'étaient des terres vassales dont le lien de vassalité était d'une extrême ténuité. Le Turc y demeurait inconnu, le paiement régulier des tributs et plus encore, la puissance militaire, suffisaient à le tenir en respect. Restaient donc 7.800.000 hectares ; l'Algérie française en compte près de cinquante millions, cette simple constatation fait justice de la légende de l'occupation totale de l'Algérie par une poignée de soldats, se maintenant par le respect qu'ils savaient inspirer. On se tromperait d'ailleurs étrangement si l'on s'imaginait ces 7.800.000 hectares formant un bloc solidement aggloméré, susceptible d'une organisation homogène. Ces terres étaient éparpillées ; les conquérants ne s'installaient que dans les plaines dont les habitants apathiques, mal servis par le terrain, ne pouvaient leur opposer qu'une faible résistance. Ils évitaient soigneusement les régions montagneuses dont les pauvres broussailles, vaillamment défendues par des populations belliqueuses, ne devaient pas les tenter.

Les principaux îlots turcs étaient dans le Tell, mais encore faut-il en distraire les côtes montagneuses. De Mostaganem à Cherchell, de Bougie à Bone, les tribus étaient indépendantes. Les majestueuses ondulations de l'Ouarsenis abritaient des Berbères confédérés ; aux Bibans on ne passait qu'après avoir livré bataille et payé rançon et dans le centre même du Tell, en vue d'Alger, l'orgueilleuse Kabylie dressait comme un défi ses cimes neigeuses et donnait asile sur ses pentes rapides à l'indomptable élite berbère de l'Afrique du Nord. Dans toutes ces montagnes les tribus conservaient jalousement leur autonomie, infligeaient d'humiliantes défaites aux audacieux qui les suivaient dans leurs passes traîtresses et poussaient l'insolence jusqu'à prélever des péages dans leurs défilés. Cette fière attitude suffit pour en imposer aux conquérants peu soucieux d'entreprendre des expéditions qu'ils pressentaient devoir leur être peu profitables. Tout le Sud était indépendant, entretenait des ambassadeurs, des amin's, à Alger, était bien quelquefois rançonné, mais si rarement, et ne payait d'autre impôt qu'une manière de taxe d'abonnement qui conférait le droit d'apporter les marchandises à Alger. Dans les Hauts-Plateaux quelques tribus maghzen's, remparts contre les indépendants du Sud, obéissaient seules aux Turcs.

On peut dire que le fellah algérien soumis à l'arbitraire de la régence est celui qui supporte aujourd'hui le poids de la colonisation, l'indigène des plaines fertiles, bâtard de berbère et d'arabe, pauvre loqueteux abruti de souffrance, dont le reste de cerveau cherche le moyen de vivre sans rien faire, volant la terre, volant les hommes. L'autre, celui des Hauts-Plateaux ou du Sud, faisait avant 1830 ce qu'il fait aujourd'hui encore, poussait lentement quelques troupeaux sur les harmonieuses collines dénudées, délicatement roses et lilas, crûment blanches et jaunes, où une herbe grise, vivace mais malingre offrait une maigre pâture. Il ponctuait sa vie de quelques coups de fusil tirés soit en chasse, soit en fête, soit en guerre, — dans ce pays, à cette époque, la distinction est subtile, — et vivait d'une vie contemplative, laissant son peu d'intelligence se fondre en rêveries dans ce ciel transparent aux féériques couleurs, transformant son peu de raison en imagination ardemment mystique et voluptueuse, dissolvant ce que le fatalisme de sa religion lui avait laissé de volonté, dans une chaleur sèche et ardente et perdant dans cette lumière, aiguë, brutale, qui fait vibrer toutes les lignes et douter de tous les contours, jusqu'au sens de la réalité pratique, honnête et active.

Ces administrés pouvaient être en tout un million.

L'autorité centrale était à Alger. Les origines en sont connues. Le zèle intolérant et impolitique de Ferdinand et d'Isabelle ne s'était pas contenté de chasser d'Espagne les Maures industrieux et pacifiques qui faisaient sa richesse. Ils avaient suivi les infidèles. Déjà Oran était asservi, Alger était menacé. Fort probablement les Algériens eussent accueilli cette nouvelle invasion avec leur coutumière molle résignation, si les éléments les plus turbulents des Maures expulsés d'Espagne n'étaient demeurés en Algérie et n'y avaient excité le fanatisme. Les Algériens appelèrent au secours. Deux hardis corsaires, Haroudj et Kheir Eddin, qui écumaient vers cette époque la Méditerranée et qui, sous prétexte de faire les affaires du ciel, faisaient fort bien les leurs, entendirent cet appel. L'occasion était belle ; Alger était un admirable repaire de pirates. La côte rocheuse, battue par une mer terrible dans ses caprices, était facile à défendre. On était à portée de la Catalogne, de Marseille, de Gênes et de l'Adriatique, alors les grands clients des marchés d'Orient ; près de Gibraltar, par où passaient les riches traitants du Nord. Les deux corsaires s'installèrent ; le Pénon fut enlevé aux Espagnols ; Alger devint la base de leurs fructueuses opérations en attendant de devenir un des plus beaux fleurons de la puissance musulmane en Méditerranée. Redoutant l'humeur mobile des populations, Haroudj et

Kheir Eddin, exploitant le fanatisme religieux, eurent l'habile pensée de consolider leur position en faisant hommage de leur conquête au sultan de Constantinople. Soliman le Magnifique daigna accepter ; il envoya même quelques milliers de janissaires. Les Barberousse augmentaient singulièrement leur prestige aux yeux de ces populations pastorales. Jamais grenouilles ne furent plus fières de leur roi.

Jamais aussi une organisation politique irrégulière ne parut plus solide. Le nouveau maître avait les yeux tournés vers la mer, c'est de là qu'il attendait la fortune, il ne songeait pas à occuper l'intérieur du pays ; l'eût-il voulu qu'il n'eût rencontré aucune résistance. Tout semblait devoir se régler par quelques légers tributs. Mais tout changea par l'arrivée des janissaires : les bénéfices des réïs devaient tenter ces guerriers, auxquels la carrière maritime était interdite et ces deux grandes puissances aux intérêts opposés, dont l'ardente cupidité convoitait la terre et la mer, allaient se heurter pendant plus d'un siècle. Leurs luttes devaient conduire Alger aux pires excès, sans que les chefs voulussent même intervenir. Les réïs corsaires formaient une corporation, la taïffe. Ces premiers compagnons des beglierbeys se désintéressèrent bien vite des affaires publiques. La course suffisait à les occuper et ses bénéfices à les satisfaire. Tout autres étaient les janissaires. Ces soudards recrutés dans les ports d'Asie mineure, gens de sac et de corde, cupides et hardis, étaient plus redoutables. Dans une ville hétérogène, ils allaient former un bloc. Leur organisation primitive mais solide, en faisait un État dans l'État. L'avancement n'allait qu'à l'ancienneté. Il suffisait de vieillir pour parvenir au pinacle, pour faire partie, premier échelon, d'un peloton de

collecteurs, pour le commander ensuite et suprême honneur, pour siéger au divan, c'est-à-dire, véritable idéal
pour ces Orientaux, vivre dans la triple luxure, des femmes,
de l'or et du sang. Est-il besoin de dire que la corporation
était bien décidée à ne pas se contenter du rôle purement
décoratif qui lui était assigné, que son divan rêvait d'augmenter la maigre solde, soit en prenant une plus large
part dans les prises des réïs, soit en allant saccager le
pays, razzier ce Sahel où les troupeaux étaient nombreux et
les récoltes abondantes, rançonner les riches marchés des
Plateaux, où l'habileté des marchands juifs, mozabites ou
biskris, avait entassé, disait-on, de fabuleuses richesses.
Les beglierbeys avaient compris ce danger. Sans oser
porter atteinte à l'autonomie des janissaires, ils s'opposèrent énergiquement à leurs empiétements, leur refusèrent l'autorisation de s'embarquer sur les navires de
course et essayèrent même de leur opposer une milice
locale de Kabyles Zaoua's. Mais ces montagnards industrieux, attachés à leur sol et d'ailleurs trois fois moins
nombreux que les janissaires, demeurèrent impuissants.
Les Barberousse purent retarder l'orage, mais non le conjurer définitivement. Dès que la poigne de ces chefs de
bande ne se fit plus sentir, les événements se précipitèrent ; le fellah allait faire plus ample connaissance avec
son nouveau maître.

Aux beglierbeys succédèrent les pachas ; aux rudes
guerriers, des courtisans. Tous deux étaient cupides et
tous deux voleurs, mais les premiers, véritables condottieri, avaient su maintenir une rigoureuse discipline ; ils
inspiraient le respect car ils avaient payé de leur personne,
ils devaient à leur audace seule leur succès. Les seconds,

qui ne devaient leur position qu'à l'intrigue, ne récoltèrent que du mépris et perdirent toute autorité. On sait le recrutement des pachas. Ils n'avaient d'autres obligations que de reconnaître la souveraineté du sultan de Constantinople et de lui payer tribut. Maîtres absolus, toutes les exactions leur étaient permises. On pense si ces fonctions suscitaient des candidats et le poste était à celui qui savait se montrer le plus généreux envers les officiers, grands et petits, de la cour. A cette époque le pachalik d'Alger était réputé un des plus fructueux. Stamboul déclinait. L'imagination orientale s'accordait avec la vanité nationale pour grandir les exploits des corsaires algériens et l'importance de leurs prises. Le pacha qui avait fait des avances considérables avait le légitime souci de les récupérer, de s'amasser une fortune et de retourner après son triennat en Turquie. La taïffe et le divan le préoccupaient peu, l'essentiel était de durer trois ans, les successeurs verraient à se tirer d'affaire.

Cette politique timorée à l'égard de gens turbulents, dont il eût fallu à tout prix empêcher les déchaînements, ne tarda pas à produire ses fruits. Les janissaires, difficilement contenus par les Barberousse, devinrent menaçants ; ils étaient la force, ils tenaient la ville, ils tenaient le palais. Les pachas cédèrent ; mais combien fut tragique leur position quand, aux récriminations du divan, vinrent se joindre les doléances de la taïffe. Cela arriva dès les premières années du XVIIe siècle. Les corsaires algériens qui avaient terrorisé la Méditerranée allaient être traqués à leur tour. L'Europe, lasse de ses longues querelles religieuses, revivait d'une vie économique intense. Les marines se développaient ; la France, la Hollande, l'Angleterre, avaient des flottes puissantes ;

elles vinrent s'embosser tour à tour ou ensemble devant Alger. Que devait faire le pacha ? Donner satisfaction aux puissances, supprimer ou tout au moins entraver la course, c'était mécontenter la taïffe, provoquer un soulèvement. Résister aux sommations des amiraux, c'était provoquer un bombardement, peut-être même payer une indemnité, ce dont ne voulaient pas les janissaires, peu soucieux de payer pour les réïs. Le pacha trouvait les deux solutions extrêmes et songeait à ses trois ans. Il entrait en pourparlers, mécontentait par de minimes concessions les janissaires et les réïs, mécontentait par de menteuses promesses les amiraux, mais il durait.

Le divan était fort de tant de faiblesse. Le nombre des janissaires s'était accru ; de 4 à 5.000 à l'origine, ils s'étaient élevés à 22.000 en 1634. En 1658, ils firent un coup d'État. Le pacha venu de Constantinople fut rembarqué. Le règne de ces piteux courtisans avait duré 72 ans, de 1587 à 1659. De 1659 à 1671 Alger fut aux janissaires et à leurs chefs, les agas. Les pires désordres ensanglantèrent la ville. L'avancement se faisant à l'ancienneté on hâtait l'œuvre du temps et puisque, pour devenir dey, il suffisait d'être le plus ancien, il était tentant de se défaire des plus sérieux concurrents par quelque intrigue ou révolution de palais. En 1671 les réïs intervinrent. Les janissaires, affaiblis par leurs querelles intestines, furent aisément réduits. On leur laissa quelques privilèges. L'aga dut céder le pouvoir à un dey, désigné par la taïffe ; le divan fut remplacé par le conseil des puissances. L'aga des spahis, chef des janissaires, y siégeait bien encore avec le titre de bey d'Alger, mais à ses côtés prenaient place, le khaznadar, ministre des finances, l'oukil el hordj, ministre de la marine, le bit el maldji, ministre du domaine et le khodja el kheil, receveur des tributs.

Ceci n'empêchait pas la situation des deys de devenir de plus en plus critique. Il n'y avait guère d'année sans réclamations des puissances, suivies de réparations diplomatiques ou pécuniaires, quelquefois même de coups de canon (1). Les corsaires n'étaient plus de taille à lutter avec les vaisseaux européens. Le déclin fut rapide, le nombre des janissaires fut réduit. En 1769 ils n'étaient plus que 5.000, 3.200 en 1817 et moins de deux mille en 1830 ; mais diminuer le nombre des janissaires c'était diminuer le rendement des impôts. Dès 1815 la situation était à peu près désespérée, les années se soldaient par des déficits que le Trésor de la Casba devait combler. Alger n'était plus en état de nuire, la crainte qu'elle inspirait encore était faite de souvenirs. Il n'y avait plus rien à piller, partout les voleurs rencontraient les gendarmes. On eût pu songer alors à organiser le pays, à augmenter la richesse de ses habitants pour augmenter celle du Trésor ; les Turcs en étaient bien incapables. Tout ce monde était prêt à partir et quand il apparut que le roi de France ne

(1) Voici les termes imagés par lesquels l'annaliste musulman du *Tachrifat* rend compte du bombardement d'Alger par la flotte anglo-hollandaise de lord Exmouth (1816) :

« Dans le courant de l'année 1231, le 3ᵉ jour de chonal, un mercredi, correspondant au 15 août des ennemis de la religion, les Anglais mécréants arrivèrent avec 26 bâtiments grands ou petits et 6 frégates de la nation infidèle des Hollandais, en tout 32 (*le texte porte 33*) navires maudits. Leur chef battait pavillon blanc à son grand mât. L'escadre s'avança jusqu'à ce qu'elle eut dépassé les forts.

« Après neuf heures d'un combat acharné ils nous brûlèrent trois navires, démolirent les forts et les maisons et enlevèrent les prisonniers sans nous donner la moindre rançon, pas même une obole.

« Qu'ils aillent en enfer ! »

On voit où le bât blessait.

voulait pas les prendre à sa solde, ils se laissèrent embarquer sans résistance, expulser docilement comme des vagabonds, avec à leur tête, ce vieux pallicare Hussein Pacha, dernier dey d'Alger « ce modèle d'équité, ce régulateur de la sagesse et de la religion, ce vicaire de Platon, cette gloire d'Alger ».

On doit penser ce que pouvaient être les représentants locaux d'un pareil pouvoir. L'Algérie était divisée en quatre circonscriptions. Celle d'Oran était organisée militairement, à la fois contre les Espagnols, les Marocains et les Sahariens ; le bey se réservait l'administration de deux groupes de tribus, la plus grande partie de la province était à trois grands dignitaires presque indépendants, percevant les impôts et nommant aux caïdats (l'aga des Douairs, l'aga des Zmela's et le kalifa du bey ou d'Ech Cheurg). Dans l'actuel département d'Alger était le beylik de Titteri dont la capitale était Médéa et qui se fractionnait en quatre grands caïdats (Tell Dahraouia, Tell Gueblia, caïdat du Dira, caïdat du Sud). La banlieue d'Alger formait le Dar es Soltan, le domaine du prince (Alger, Blida, Koléa, Dellys et El Outane), administré par le khodja el kheil. La ville de Médéa, qui commandait le Sud et avait à ce titre une importance exceptionnelle, était distraite du beylik de Titteri et gouvernée par un hakem relevant directement du dey d'Alger. Enfin à l'Est était le beylik de Constantine, presque indépendant, partagé entre quelques riches et puissantes familles.

Ces beyliks étaient divisés en caïdats ; le caïd représentait l'autorité centrale dans les tribus ; plusieurs caïdats pouvaient se grouper en agaliks ou bachagaliks. Les fonctions des représentants locaux étaient simples ; ils devaient réprimer les révoltes pour sauvegarder la souveraineté du dey et faire rentrer les impôts pour alimenter son Trésor. Cette dernière attribution était d'ailleurs de beaucoup la plus importante et la plus difficile. Après avoir fixé le montant des impôts que chaque fraction devait payer et avoir encaissé les taxes de celles qui étaient les plus proches, les gouverneurs allaient en tournées régulières et périodiques faire rentrer les fonds chez leurs administrés plus éloignés. Tout cela n'allait pas sans quelques coups de fusil, on guerroyait, razziait ; aussi le bey était-il assisté de quelques centaines de janissaires qui formaient sa nouba, attachée à demeure à sa personne, auxquels venait se joindre un second détachement envoyé spécialement en mahalla d'Alger pour faciliter la perception des impôts et en convoyer le produit. Des cavaliers maghzen's irréguliers, venaient grossir la troupe.

Comme rouages administratifs et comme attributions c'était bien pauvre, comme personnel c'était plus pitoyable encore. De même que la faveur et la corruption, si ce n'était l'assassinat, conduisaient au pouvoir à Alger, de même la nomination des deys ou le renouvellement de leurs charges, car ils étaient nommés pour trois ans seulement, dépendaient de leurs richesses. Shaler, consul des Etats-Unis à Alger, généralement bien informé et modéré dans ses évaluations, rapporte que les visites que les beys d'Oran faisaient tous les trois ans à Alger pour obtenir une nouvelle prolongation de leur mandat, leur coûtaient 300.000 dollars, soit un million et demi de francs. Devoulx dans son *Tachrifat* donne un amusant tarif des cadeaux faits à l'occasion de ces cérémonies. La tradition avait fixé les pots de vin, il eût été malséant de ne pas donner, même au plus humble des serviteurs, les mouchoirs ou les chemises auxquels il avait droit.

Maîtres absolus, ces gouverneurs abusaient de leurs pouvoirs pour s'enrichir. Peyssonnel, qui voyagea en Algérie de 1724 à 1725, et qui est un admirateur enthousiaste du royaume d'Alger où il trouve « un ordre si beau et des lois si justes et si équitables qu'il ne sait comment les exposer en contredisant l'opinion commune », les dépeint comme « de petits tyrans, placés pour s'enrichir et engraisser ceux qui les placent, qui font des concussions extraordinaires, volent, pillent et détruisent les nations, suivant leur volonté ou leurs intérêts ». Cent ans après, Shaler dit que « la tyrannie et l'oppression des beys sont sans doute sans égales dans l'histoire de n'importe quel pays » et il ajoute, le trait peint bien cette administration : « La pitoyable condition des habitants de ce royaume est telle qu'une administration bienveillante et équitable par le gouverneur d'une province, serait considérée comme une recherche de popularité, dangereuse pour le pouvoir central ; on a vu à plusieurs reprises des gouverneurs payer de leurs fonctions ou de leur vie, une pareille politique. » Ce n'était donc pas l'exemple seulement, c'était l'ordre qui venait d'en haut. Au-dessous de ces caïds, toute une suite de kalifa's, de khodja's, de spahis de tout grade, ne manquaient pas de copier leurs maîtres. Toutes les charges s'achetaient ; un petit secrétaire payait la sienne de 2 à 300 francs, un spahi chargé des recensements tout autant. L'esprit subtil et madré des Orientaux savait sans cesse trouver de nouvelles fonctions pour créer de nouvelles ressources. Chaque taxe avait un personnel propre de recenseurs, de secrétaires, de percepteurs et chaque tribu ou chaque caïdat, un cadre local pour chacune des taxes. Et tout ce personnel devait être recruté dans ce monde d'aventuriers que le Levant envoyait en Algérie ; les indigènes, les métis même, étaient exclus de tous les emplois. Il fallait être de la famille pour être de la curée.

Le fellah supportait le poids de tous ces abus, mais encore convient il de faire une distinction. Le million d'habitants que comptait la régence était loin de payer les mêmes taxes ; cette population de contribuables était très inégalement écorchée et parmi elle il y avait, suivant la pittoresque expression des indigènes, des « mangeurs » et des « mangés ». Les maghzen's étaient les premiers ; ils étaient les auxiliaires des Turcs. Ceux-ci n'auraient pu assurer l'ordre et faire rentrer les impôts, avec quelques milliers de janissaires. Exploitant très habilement les dissidences locales, l'amour des combats et le goût des pillages qui est au fond de l'âme de tout indigène, ils s'étaient adjoints des tribus ; moyennant quelques privilèges celles-ci s'étaient engagées à prêter main-forte au vainqueur contre leurs malheureux compatriotes. Ces privilèges variaient suivant l'importance des services rendus ; il y avait dans l'Ahl el Maghzen de grands seigneurs apanagistes, c'étaient les chefs les plus puissants, vivant largement des revenus de leurs dotations. D'autres étaient armés, montés et équipés par l'Etat ou jouissaient d'une exemption à peu près totale d'impôts. Il en était au contraire qui n'avaient que des exemptions partielles ou bien encore devaient pourvoir à leur équipement, mais ces serviteurs du beylik jouissaient toujours d'une absolue impunité quand ils commettaient quelques rapines, vols ou concessions. Ces maghzen's occupaient tout le département d'Oran à l'exception de Tlemcen, Mascara et la vallée du Sig ; dans celui d'Alger ils étaient rares, mais on les retrouvait sur les plateaux du département de Constantine, à Setif, Batna, etc.

Les raya's, au contraire, étaient les taillables et corvéables à merci. La protection de quelque puissant seigneur, militaire ou religieux ou mieux encore les difficultés d'accès du pays qu'ils habitaient, pouvaient seules les soustraire à la tyrannie du pouvoir et aux razzias du maghzen. La misère était leur compagne et encore n'étaient-ils pas au dernier échelon de la société algérienne de cette époque. M. Rinn rapporte que les tribus serves, adamia's, dans certaines confédérations berbères, avait un sort plus misérable encore. D'après ce même auteur, les maghzen's auraient occupé à peu près 3.400,000 hectares, répartis entre 126 tribus, les raya's 4.415.000 hectares, répartis entre 104 tribus. Si nous admettons avec Shaler que la population de l'Algérie turque s'élevait à un peu moins d'un million, un peu plus d'un demi-million supportait le faix des impôts, des exactions et des rapines, le reste payait sa dette en trahisons, en lâches complaisances ou prenait sa part du butin.

Les rouages du gouvernement turc ne tendaient qu'à un seul objet, faire payer tout ce qu'il était matériellement possible d'obtenir. Il faut reconnaître que la ruse et la cupidité des conquérants ont su découvrir et frapper la matière imposable jusque dans ses manifestations les plus cachées, comme leur cruauté a su faire rendre aux malheureux jusqu'aux moindres parcelles de leur avoir. Sur le total des sommes payées par le fellah algérien, les divergences sont plus apparentes que réelles. Il suffit de faire la distinction entre les sommes payées par le contribuable et celles perçues par le Trésor. Quant à ces dernières on peut les évaluer environ à un million de francs. C'est l'évaluation des annalistes, de Laugier de Tassy (1726), de Shaw (1738) et de Shaler (1826) ; c'est aussi le chiffre des auteurs les plus autorisés, notamment de Federmann et Ancapitaine et de M. Mercier. Dans ce total, Constantine figure pour cinq cent mille francs environ, Oran pour trois cent ou quatre cent mille, Titteri pour cent cinquante ou deux cent mille, le Dar es Soltan pour moins de cent mille francs.

Mais ce million encaissé par le Trésor n'était qu'une bien faible partie des sommes versées par le contribuable. Tous les emplois étant à la faveur, plus exactement à l'encan, les titulaires se faisaient rembourser de leurs avances par les administrés; et il ne leur suffisait pas d'être remboursés, ils devaient vivre, vivre richement et économiser pour pouvoir continuer à le faire plus tard. Or les charges les plus modestes valaient quelques centaines de francs par an, le bey d'Oran payait tous les trois ans un million et demi de francs pour le renouvellement de son bail ; les bénéfices des fonctionnaires devaient donc dépasser de beaucoup ceux faits par le Trésor. Il y avait aussi les tributs et ils étaient légion. L'impôt achour, le principal, qui frappait d'un dixième toutes les productions, était notamment perçu en nature. Constantine fournissait annuellement deux cents mulets, six cents bœufs, six mille moutons; Titteri, le beylik le moins important, livrait annuellement plus de deux mille quintaux de grain, et il faudrait ajouter à la liste la dîme sur le beurre, sur le miel, sur les étoffes, sur les sparteries, sur l'huile. Et les corvées et les prestations, et les cadeaux plus ou moins volontaires, et les vexations de toutes sortes imposées arbitrairement.

Si l'on tient compte que sur moins d'un million de su-

jets une moitié étaient exempts à divers titres et que les
charges étaient supportées par les plus pauvres, si l'on
réfléchit que la moitié au moins des taxes était acquittée
en numéraire qu'il n'était pas facile de se procurer dans
ce pays à cette époque, si l'on considère surtout que pour
cette somme l'Etat ne rendait absolument rien et que le
pire ennemi du contribuable était ce gouvernement qui
s'engraissait à ses dépens, on ne s'étonnera pas de l'affreuse misère qui régnait en Algérie, on ne sera pas sur-
pris que dans ce pays si fertile, mais dont les absurdes
exigences des maîtres rendaient la mise en valeur impossible, les années de disette étaient plus nombreuses que
celles de relative prospérité et qu'en moins de soixante-dix
années l'histoire enregistra une douzaine de famines emportant quelques centaines de milliers d'habitants. On
comprendra alors aussi les innombrables révoltes et que
quelques milliers de malheureux, affamés, las des lourdes charges qu'on leur imposait, étaient toujours prêts à
suivre l'éternel aigrefin, prétendant ambitieux ou marabout mystique. Un paysan, et l'indigène algérien en est
un, ne court pas les insurrections s'il a un lopin de terre
au soleil ; il faut n'avoir rien à perdre pour vouloir tout
risquer et c'est l'honneur de la colonisation française que
depuis notre conquête les révolutions, soulèvements,
éclosions de prétendants ou apparitions de prophètes,
aient été moins fréquents en Algérie que sous le soi-disant
gouvernement national des Turcs.

Le Coran ne reconnaît qu'une seule taxe, la dîme ; la
dîme sur tous les biens, sur les troupeaux comme sur les
récoltes, comme sur les produits industriels ; c'est plus
une aumône qu'un impôt, plus une prescription religieuse
qu'une loi fiscale. Les terres du dey elles-mêmes n'en

étaient pas exemptes ; il est vrai que les habitants payaient
pour le royal propriétaire. Mais ce dixième des produits
ne suffisait pas à faire face aux besoins. Les Turcs faisaient payer en outre un tribut fixe, le gharame. Cette
taxe était perçue par unité collective, tribu ou caïdat.
Dans le beylik de Titteri le gharame était perçu deux fois
par an : en hiver, en argent ; en été, en argent et en nature. Le seul caïdat du Dira versait annuellement à ce
titre plus d'un demi-million, la tribu des Rirha's seule une
dizaine de mille francs, même somme pour les Oulad
Allane ; aux Hassen ben Ali une tente aisée payait plus
de cent-dix francs de gharame par an. Si personne n'était
exempt de l'achour, les raya's seuls, en principe du
moins, payaient le gharame. Mais à ces deux taxes à peu
près générales venait s'ajouter tout un cortège d'impôts
particuliers. Federmann et Aucapitaine nous ont laissé la
liste de ceux perçus dans le beylik de Titteri. Les tribus
devaient acquitter le farès, l'impôt des hommes d'armes ;
coût, un cheval harnaché par tribu ou quinze saa's (environ 22 hectolitres) de blé ; elles payaient le diffat el bey,
don de joyeux avènement perçu tous les ans, qui s'élevait pour la seule tribu des Hassen ben Ali, à 1.500 francs
et pour le Dira à plus de 3.500 francs. Les nomades
étaient frappés de l'heussa, dont le taux était d'un douro
(cinq francs) par charge de chameau. Les mozabites, plus
favorisés parce qu'ils payaient plus souvent, acquittaient
le gomrek (4 fr. 50 pour un chameau, 2 fr. 75 pour un
mulet, 1 fr. 80 pour un âne). Les hommes étrangers à la
tribu payaient le yabachi, 6 fr. 30, et les étrangers non
khammès, le hak ed djiyal (3 fr. 60 à 7 fr. 20), enfin on
percevait le meks sur les marchés. La situation des
tribus habitant près, ou sur des azels (terres domaniales),

était particulièrement difficile. C'est ainsi que les habitants des azels de Titteri devaient fournir les khammès pour cultiver les domaines du dey — il y en avait plus de 2.000 hectares — faisaient à ces khammès les avances en grains, prêtaient leurs bras et leurs outils pour les labours et les moissons et devaient apporter sur leurs propres chameaux, les récoltes à Alger. Quelques-uns de ces azels faisaient une rente à la maison du dey, à une de ses femmes et il était des fellahs auquel le gouvernement imposait l'humiliante obligation d'acheter à prix fixe les bêtes qu'il réformait pour son propre usage.

La perception était tout un art. Régulièrement le contribuable venait s'acquitter au chef-lieu ; la chose se passait en cérémonie. Les charrues cultivées étaient portées sur des rôles personnelles par les spahis du recensement et les secrétaires. Solennellement, le crieur public annonçait alors par la ville la date du paiement. Au jour fixé, le hakem, délégué du gouverneur, le khodja, percepteur et l'aga, dépositaire de la force publique, fraternisaient avec les cheiks des tribus et les notables à un copieux festin. Les contribuables s'acquittaient ensuite ; on leur délivrait un reçu, grevé d'un droit de timbre variant de 0 fr. 30 à 0 fr. 60. Ceci pour les taxes personnelles, mais les gharâme's dues par les tribus étaient versées par leurs représentants au caïd assisté du maghzen et les taxes à percevoir en nature l'étaient après la récolte. Chaque taxe avait un personnel propre de recenseurs et de collecteurs et tout ce monde faisait très convenablement « suer le burnous ». Un commis de recette payait jusqu'à 900 francs sa charge ; un spahi, 180 francs.

Restait à faire payer les tribus qui trop éloignées du siège du gouvernement n'avaient pas entendu l'annonce du crieur public. On daignait leur rendre visite. Au printemps de chaque année les collecteurs se mettaient en chemin, des mahalla's, des janissaires détachés d'Alger, les accompagnaient et ces gendarmes trouvaient leur profit à ces déplacements, car tout le monde était somptueusement traité par la tribu qu'on visitait. Au passage, la colonne prévenait les tribus maghzen d'avoir à la rallier. Ces irréguliers serviles savaient où trouver les tribus, ils razziaient sans pitié les mauvais payeurs et l'exemple est connu de ce chef maghzen, razziant sa propre tribu plutôt que de rentrer les mains nettes. Aux yeux des Turcs ces pratiques n'avaient d'ailleurs rien que de très régulier et Shaler fait à ce sujet le curieux récit suivant : « Une autre cérémonie que l'on célèbre au printemps donne une idée fort exacte des insolentes prétentions des Turcs. Le khaznadar, agissant en qualité de lieutenant du pacha, dresse à cette occasion sa tente hors de la porte orientale de la ville ; deux ou trois queues de cheval, insignes de sa dignité, flottent devant sa tente. L'aga, qui pour la circonstance joue le rôle d'un cheik indigène, se présente devant lui dans l'attitude d'un suppliant et lui rend hommage. On lui donne l'ordre impérieux, souligné d'un geste bref, de fournir une centaine de moutons pour nourrir les troupes et d'en égorger un sur le champ de ses propres mains pour la table de son excellence. On donne immédiatement satisfaction à cet ordre et on apporte aussi les volailles, les œufs, le couscousson, etc. qui ont été requis. Le cheik toujours obséquieux ne proteste pas. C'est alors qu'on lui donne l'ordre d'apporter de l'argent pour payer les troupes. L'arabe se défend, allègue sa pauvreté, rappelle les calamités de toute sorte qui l'empêchent de fournir la somme demandée par son excellence, quelle que soit sa bonne volonté. Le khaznadar affecte alors la plus violente colère, il menace de faire décapiter sur place le cheik et finit par le condamner à la bastonnade. On fait les préparatifs du supplice, l'arabe offre une transaction, mais ses propositions ne sont même pas écoutées, c'est alors que les anciens de la tribu viennent à son secours, réunissent le tribut exigé et le déposent aux pieds de son excellence. Celle-ci devient subitement aimable, donne sa main à baiser au cheik, dit être son meilleur ami, le fait asseoir à ses côtés, lui offre de son café. Ainsi se termine cette pantomime qui est en réalité la fidèle représentation des relations de la régence d'Alger avec les indigènes. »

Mais qui dira le drame ? Qui dira les ruses déployées par les gouverneurs rapaces, prévenus par leurs espions que les tribus qui s'étaient enfuies dans le Sud à la levée des impôts revenaient ramenées par la sécheresse, obligées pour vivre, de remonter vers les puits ! Qui dira les lâches surprises de tout ce monde haletant de peur et de fatigue, les razzias, les pillages et les meurtres, la révolte d'abord, le découragement ensuite, le morne fatalisme enfin de ces peuplades qui, habituées à ne voir que des abus, s'imaginaient que le droit était la force et n'avait d'autres limites que la puissance de celui qui l'exerçait. A leurs yeux, l'abus, l'excès illégitime, n'existait pas et maîtres à leur tour, parce qu'ils étaient plus forts, maîtres de leurs bestiaux, de leurs enfants ou de leurs femmes, ces malheureux usaient de la même brutalité.

C'est avec une extrême circonspection qu'il faut aborder l'étude du régime foncier de la régence. Les quasi-certitudes qu'il est permis d'y avoir sont faites du contraste avec l'état hypothétique de l'ensemble de la question. L'ordonnance des systèmes, fruit de plus d'un demi-siècle de controverses, présente une telle solidité qu'on a peine à distinguer la conclusion d'un syllogisme des certitudes des faits. Il est des terres sur lesquelles les droits de l'État étaient nettement définis ; ce sont les azels. Ces terres qui constituaient le domaine privé de la régence étaient très abondantes dans le beylik de Constantine, se retrouvaient plus rarement dans ceux d'Alger et de Titteri et étaient à peu près complètement inconnues dans celui d'Oran. Suivant qu'elles étaient fertiles ou pauvres, proches ou éloignées, le gouvernement les exploitait en régie ou les affermait. L'exploitation en régie se faisait par des corvées fournies par les tribus les plus proches, qui faisaient les labours et les moissons, assuraient même les transports et gardaient les troupeaux ; quelquefois aussi l'État prenait des khammès. Quant aux azels affermés, ils étaient le plus souvent attribués à des fonctionnaires dont on voulait reconnaître les services. Ainsi, sous la féodalité on payait en apanages. Plus minutieusement réglé peut-être était le régime des habous ; les villes saintes ou les institutions qui en étaient bénéficiaires déléguaient dans l'intérieur du pays des agents qui veillaient à la conservation des immeubles dus à la générosité des fidèles. Enfin, il était quelques particuliers, collectivités ou simples individus, dont le souverain avait voulu reconnaître les services par une concession de propriété ; parfois même ces concessions étaient obtenues à prix d'argent.

Mais tout cela était peu de chose. Quel était le régime des terres de tribu, des terres arch, quels étaient les droits des occupants et quels étaient ceux de l'État ? Si nous exceptions le domaine public et ce bled el baroud, zone neutre, que la sagesse naissante des nations emprunte aujourd'hui au droit privé des barbares, nous sommes dans la plus grande incertitude. A peine sait-on quelque chose des terres maghzen et encore est-ce, que leurs occupants étaient loin d'avoir les mêmes droits ; si une minorité de très puissants seigneurs détenait ses terres en toute propriété, la majorité n'avait qu'un droit précaire, c'était moins qu'un usufruit, car le dey avait toujours la faculté de révoquer la concession, soit pour punir le maghzen de sa mollesse ou de sa trahison, soit plus simplement parce que ses services étaient devenus inutiles. Ces terres grevées de servitude personnelle, ne pouvaient être librement transmises ; notamment, elles ne pouvaient tomber en quenouille ou être cédées à l'étranger. Sur les quelques millions d'hectares de terres raya's, le mystère est plus impénétrable et cependant il n'est pas de question dans la législation algérienne qui ait été plus controversée et dans laquelle des opinions plus radicalement opposées aient été soutenues. L'intérêt du débat excédait d'ailleurs de beaucoup les bornes d'une querelle d'école ; il importait de déterminer les droits respectifs de l'Etat turc et de ses administrés, afin de déterminer par voie de conséquence ceux de l'Etat français, ayant cause du premier, vis-à-vis des mêmes indigènes. C'est le patrimoine même de la colonisation dont on discutait l'étendue.

L'opinion la plus généralement admise aujourd'hui et consacrée d'ailleurs par le législateur, est que l'Etat turc avait un droit éminent sur la terre indigène. Cette précarité des droits de propriété serait, conformément aux principes du droit public musulman, la suite de la conquête par les arabes ; ce serait comme la marque indélébile de la soumission de ces terres à l'Islam. Le point fondamental de cette théorie, la précarité du droit de propriété, est difficilement contestable. La notion d'un droit perpétuel et intangible eût paru une atteinte à la toute puissance du conquérant ; cela était si vrai, que même les titulaires à titre melk, concessionnaires ou acquéreurs à titre onéreux, ne manquaient pas, à chaque changement de gouverneur, de venir présenter leurs titres à son approbation. Puisque d'ailleurs les tribus maghzen's elles-mêmes, c'est-à-dire celles qui comptaient au nombre des « mangeurs », pouvaient être expulsées à peu près suivant le bon plaisir du prince, il était fort probable que les raya's, c'est-à-dire les « mangés », ne fussent pas mieux traités. Quel algérien de cette époque eût osé soutenir que le gouvernement n'avait pas le droit de disposer de sa personne et de sa fortune ! et s'il se fût trouvé un meunier assez hardi pour revendiquer son Sans-Souci, devant quels juges eût-il attaqué l'État. Le droit de confiscation sommeillait toujours et ce n'est pas une règle juridique qui en eût empêché l'application. Cet arbitraire absolu n'avait d'ailleurs pas les conséquences que l'on pense. Si même les Turcs s'emparaient de quelques parcelles, où était le dommage? ces confiscations étaient bien plus des modifications que des privations de jouissance. Pour des tribus qui détenaient en moyenne plus de cinquante mille hectares, la perte n'était pas appréciable. Si aux yeux des indigènes, la puissance turque était infinie, aux yeux des Turcs, les terres raya's l'étaient aussi, et c'est cette infinité même qui excluait l'idée de lésion.

Il est plus difficile de suivre cette théorie dans ses conséquences. Les auteurs et l'administration surtout, ont affirmé que puisque la source de cette précarité était un principe de droit public, ses effets devaient être précis et rigoureusement limités; aussi ont-ils indiqué à la terre arch un quadruple caractère :

1° Le détenteur est obligé de cultiver ;

2° Il ne peut ni vendre ni grever de droits réels ;

3° Il ne peut transmettre par héritage aux femmes ;

4° Il ne peut revendiquer son droit que devant un tribunal administratif.

Les Turcs auraient donc organisé un véritable régime foncier. La vérité ne nous paraît pas si absolue. A part un système d'impôts très énergique mais très arbitraire, qui ne brille pas précisément par la méthode et qui comme toute l'organisation turque, s'applique mieux à une province vaincue, momentanément assujettie, qu'à une circonscription administrative, définitivement incorporée, les Turcs n'ont rien organisé. Et, rompant avec cette habitude, ils auraient créé quelque chose d'aussi savamment compliqué qu'un système foncier, avec ses règlements généraux et ses applications particulières. Et pourquoi l'auraient-ils fait ? non pas dans l'intérêt des habitants puisqu'ils n'y ont jamais songé, encore moins pour sauvegarder les droits de l'Etat puisque personne ne les discutait. L'Algérie leur paraissait d'autant plus immense qu'ils n'en avaient jamais tenté une reconnaissance complète, les terres leur semblaient infinies, comme l'air ou comme l'eau, les cadastrer, les enregistrer, les légiférer, régler les transmissions eussent été des tâches au-dessus de leurs forces, si elles n'avaient déjà été au-dessus de leur courage. Et s'ils avaient réalisé cette œuvre, si ces coutumes avaient existé, comment expliquer le silence des annalistes de la régence. Les voyageurs français, espagnols, anglais et américains qui tous donnent des rensei-

gnements sur l'organisation administrative de l'Algérie
et qui notamment parlent longuement des impôts, ne font
nulle part allusion à cette prétendue législation foncière.
On allègue les travaux des commissions du sénatus-consulte, enquêtes locales sur la propriété indigène, mais
encore que dans beaucoup de ces rapports les indigènes
se bornent à affirmer la précarité de leur droit, ce qui est
ici hors de discussion, il faut tenir compte de leur docilité
naturelle quand ils sont en présence d'agents de l'administration ; ils ont d'autant moins hésité à confirmer l'authenticité du système que leur exposaient les commissions,
qu'à cet aveu ils ne perdaient rien.

La vérité nous parait être que les Turcs, s'inspirant
peut-être de ce qui se passait chez eux, ont admis le principe de précarité mais n'en ont déduit d'autre conséquence
qu'une conséquence fiscale, un impôt nouveau à percevoir. Ils devaient fort peu se soucier de ce que l'on portât
les contestations relatives aux terres arch devant des tribunaux administratifs ou judiciaires, en admettant même
qu'ils eussent su faire cette distinction. Il devait leur
être tout aussi indifférent que les terres fussent ou non
mises en valeur, l'essentiel était que l'on payât. Et l'on
payait. L'impôt qu'ils percevaient et qui était comme la
manifestation de la précarité de la tenure, comme le rachat des droits du seigneur détenteur du domaine éminent,
était un impôt collectif. C'était cette gharame ou ce dje-
bria que la tribu payait au caïd, délégué du souverain et
dont le montant demeurait invariable, quel que fût le
nombre de charrues labourées. C'est donc pour les terres
comme pour les impôts, comme pour l'administration
du pays en général, le régime de l'arbitraire dont la puissance seule fixait les limites et une intelligente cupidité

les règlements. L'État français ne pouvait exercer par droit d'héritage un droit dont le propre était d'être sans limites et qui par conséquent était un abus. C'est alors que les auteurs, s'inspirant des principes et des exemples de la Turquie, de la Perse et de l'Égypte, que l'administration s'inspirant du régime des maghzen's et que le gouvernement, prenant en considération les intérêts du domaine, c'est-à-dire ceux de la colonisation, donnèrent un masque juridique à ce qui n'avait été qu'un acte de tyrannie et imaginèrent pour en tirer les conséquences que nous verrons, la théorie des terres arch.

II

Il convient maintenant de faire connaissance avec le fellah. Comme administré, sa condition était misérable. Comment l'individu supportait-t-il le lourd fardeau qu'il s'était si imprudemment chargé sur les épaules ?

La tribu, l'unité sociale qui appelait par la solidité séculaire de ses institutions, un protectorat aussi lâche que l'était celui des Turcs, qui constituait pour eux une admirable unité administrative et surtout une unité facilement imposable, était en même temps le plus sûr rempart contre leurs exactions. Si même ces groupements homogènes n'avaient pas assez de puissance pour résister à leurs tyrans, ils étaient suffisamment mobiles pour s'y soustraire et suffisamment souples et résistants surtout, pour réparer, par une sage répartition, les dommages qu'ils lui causaient. Les lois de la nature, la nécessité des pâturages et de la transhumance, jointes à la robuste organisation de la famille qu'on retrouve chez tous les primitifs, l'avaient créée ; les circonstances, l'obligation d'assurer la sécurité contre les pillards et la protection contre les excès des conquérants, la conservaient. Elle progressait fatalement quoique lentement par le seul excédent des naissances ; en marmottant ses prières elle caressait le rêve d'être elle aussi un jour du maghzen, de pouvoir voler à son tour après avoir été volée, d'être indépendante même, ou, suprême félicité, de tenir la campagne, rangée derrière un prophète ou un prétendant émanés de son sein. En poursuivant cet idéal elle risquait les plus cruels châtiments, mais massacrée à la suite de quelque révolte jusqu'à en être presque anéantie, elle reprenait patiemment son lent travail de reconstruction et poursuivait le cours de ses rêves. La puissance des tribus était par suite en raison directe de leur éloignement des Turcs. C'est ainsi que dans le Dar es Soltan, l'organisme qui portait ombrage au maître était brisé. C'étaient de véritables cantons qui se partageaient la Mitidja. Loin de la côte les tribus prospéraient ; dans le Sud, elles étaient de véritables nations, chez les berbères enfin, les liens naturels se renforçaient des libres consentements et les tribus devenaient des confédérations puissantes qui traitaient d'égal à égal avec le pouvoir, si même elles ne lui dictaient pas leurs volontés. M. Rinn, l'éminent savant, attribue aux 86 tribus vassales du Sud 7.540.000 hectares, soit près de 90.000 hectares par tribu. Dans le Tell, les nations étaient moins importantes, on y comptait 230 tribus pour 7.800.000 hectares, soit une moyenne de 34.000 hectares. Mais les superficies étaient très inégalement réparties.

Les familles se groupaient dans ces alvéoles ; si elles devenaient trop importantes et que leurs dissensions apportassent un trop grand trouble, il n'était pas rare de les voir se détacher de la tribu-mère pour fonder une fraction autonome. On se connaissait de longue date, les mœurs concourant avec la religion, prescrivaient de larges aumônes et ceux mêmes qui ne pouvaient trouver assistance chez leur famille, étaient secourus d'autant plus volontiers et d'autant plus cordialement par leurs compatriotes, heureux de rendre service en même temps que de gagner le ciel. Ce serait d'ailleurs faire une grossière erreur que de croire à un collectivisme familial. Les avis des plus vieux, réputés les plus sages étaient bien écoutés, mais chaque foyer était indépendant. Le lien de ces groupements était plutôt une libre mutualité qu'un communisme hiérarchisé. L'égalité même n'existait pas toujours ; il serait certes excessif de parler de castes, mais encore y avait-il des aristocrates et des prolétaires. Dans les grandes tribus du Sud surtout, les djouad's, semblables à nos féodaux, considéraient les habitants comme leur chose. Réunis en djemmaa avec les notables de leur qualité, ils répartissaient les charges de toute sorte. Le fellah payait pour lui et pour son maître, il payait aussi pour la clientèle de celui-ci, pour ses douairs ou cavaliers ; en cas de guerre, il combattait à pied et prenait part à une querelle à laquelle bien souvent il était complètement étranger.

Pour le fellah la tribu était le monde ; son ignorance l'empêchait d'en sortir et toutes ses traditions d'ailleurs de paysan borné, craintif et méfiant. Il ne pouvait vivre que dans son milieu, dans sa famille, dans la société qui l'avait vu naître et qui le verrait mourir ; sûr il ne quitterait son pays natal que s'il y était obligé par quelque vilaine histoire. D'ailleurs où serait-il allé ! On ne voyageait qu'en caravanes. Il n'eût rencontré que des indifférents ou des ennemis. Ne considérait-il pas lui-même tout étranger comme un suspect, un espion ou un banni ?

Il restait donc chez lui, il y vivait pauvrement, mais il y vivait ; il savait que les fléaux qui le visiteraient, visiteraient aussi sa tribu, précieuse consolation. Il travaillait juste pour vivre, mieux ne valait rien avoir pour qu'on ne pût rien prendre. Les terres étaient vastes, il y poussait son troupeau, facile à transporter et à cacher dans la montagne si le Turc arrivait ; il labourait furtivement le sol riche et vierge pour lui faire produire les quelques mesures d'orge, de bechna ou de fèves dont sa sobriété se contentait. La femme tissait quelques vêtements ou les longues bandes qu'on cousait pour faire une tente. Les riches seuls prenaient un khammès. La prudence et la paresse, l'intérêt et l'inclination, les poussaient au moindre effort. Tout était réduit, tout éparpillé et dès lors rien ne se faisait qu'en groupes. Mais leur ruse intéressée et leur avarice de paysan, ne se fussent pas accommodées d'un collectivisme patriarcal ; leurs associations avaient des comptes. Mohammed voulait bien prêter sa charrue à Ali, mais Ali s'engageait à labourer le champ de Mohammed. Lounès ne refusait pas de venir moissonner chez Mansour, mais encore fallait-il que Mansour lui promît une part de sa récolte. Ces innombrables sociétés dont les clauses variaient suivant les régions, étaient devenues tacites à force d'être répétées. L'exemple d'un fellah travaillant seul son champ, avec ses propres moyens et en gardant seul la récolte, eût été un dangereux exemple d'individualisme ; il fallait se faire aider, ne fût-ce que pour prouver la sympathie dont on jouissait.

Ainsi donc les mœurs, tout autant que l'organisation politique du pays, obligeaient le fellah à vivre en collectivité et contribuaient à détruire chez lui le sentiment de la responsabilité, puisqu'il n'entreprenait rien seul, l'amour de l'activité, puisqu'il ne profitait jamais seul des bénéfices de son travail. Les lois venaient achever cette œuvre d'engourdissement et sceller définitivement la cellule dans laquelle, ignorant de tout, étranger à tout, végétait le fellah. D'une manière générale, les législations religieuses ont tendance à considérer les richesses comme un mal et leur recherche comme un péché. Elles n'admettent qu'une production limitée aux besoins de la consommation ; l'effort doit être réduit sur la terre, pour que la pensée puisse librement s'élever vers le ciel. De plus, elles s'appliquent à protéger la famille, à en sauvegarder l'homogénéité par l'exclusion des éléments étrangers, la famille étant la plus solide base d'une société religieuse. C'est l'influence de la législation musulmane à ce double point de vue qu'il convient de noter rapidement ; nous la verrons, entravant la production par la prohibition du crédit, entravant la circulation par le défaut d'authenticité et de publicité des actes en admettant même que l'énigme des successions, l'imbroglio des partages et les traquenards des retraits, eussent permis de dégager un droit avec une précision suffisante pour en faire l'objet d'un contrat.

La loi musulmane interdisait le prêt à intérêt ; c'est la même prohibition que celle de notre droit canon et pour les mêmes motifs ; elle fut d'ailleurs tournée par des procédés sensiblement les mêmes et à l'aide des mêmes complices. Il était interdit à un musulman de prêter à intérêt, mais rien ne s'opposait à ce qu'il empruntât. Les juifs se prêtaient complaisamment à la violation de la loi. Bientôt les centres de quelque importance eurent leur quartier juif. L'arabe, naturellement emprunteur, parce qu'il ne songe qu'aux besoins du moment, ne pouvait se passer des services de ces gens qui, rarement remboursés, grossissaient encore leurs taux de toutes les molestations et de tous les mépris dont ils étaient l'objet. Les musulmans eux-mêmes recoururent bientôt à des ventes simulées avec faculté de rachat ou aux antichrèses. Ces procédés de crédit sont aujourd'hui ce qu'ils étaient avant 1830. L'étude en sera faite au chapitre IV.

Quant à la protection du patrimoine familial et au maintien de son intégrité, la loi musulmane les a organisés avec une telle maîtrise qu'après près de soixante-quinze ans d'efforts, il n'a pas encore été possible de concilier les intérêts respectables dont elle a voulu assurer la conservation, avec ceux du progrès et de la colonisation. L'étranger qui voulait acquérir une parcelle, voyait comme à plaisir les obstacles se multiplier. Il devait d'abord reconnaître les droits de son acheteur, mais quand après de laborieux calculs, il était parvenu à les définir, il lui fallait les réaliser, débrouiller de savants partages ou réaliser des licitations compliquées. Alors surgissait un parent ou un voisin qui lui opposait un retrait. En supposant qu'il l'eût désintéressé, il n'avait aucun moyen sérieux de faire constater ses droits, il devait se fier aux mêmes gens qu'il avait pressés de questions pour effectuer ses recherches; il le savait finauds, roublards, menteurs et faux. Ils redoublaient d'astuce pour le tromper, car il était un intrus, une proie à leurs yeux.

On peut avoir une notion de la complexité des successions musulmanes, mais on ne la connaîtra jamais (1). Après avoir distingué les fardh's réservataires des açebs

-----

(1) « Supposons qu'un homme meure, laissant comme héritiers une veuve, trois fils et une fille.

« Dans cette succession, la veuve est seule héritière fardh (c'est-àqui ne le sont pas et avoir mis en ligne les cohéritiers, ascendants, descendants ou collatéraux, il fallait encore savoir quels étaient ceux de ces cohéritiers qui s'ex-

dire réservataire), les fils sont *açebs* (*c'est-à-dire agnats*) et la fille le devient à cause de la présence des fils. La part de réserve que la loi attribue à la veuve, lorsqu'elle se trouve en présence de descendants du *de cujus*, est 1/8 du tout.

« Il reste donc 7/8 à partager entre les açebs. Or parmi ceux-ci, le fils doit avoir une part double de celle de la fille. Par conséquent la part de chaque garçon sera 2/8 et celle de la fille 1/8. Il a été nécessaire, pour arriver à la répartition, de diviser la masse successorale en huitièmes. On dit alors que dans ce cas la base de répartition est 8 et le partage se fait ainsi :

<pre>
La veuve 1/8
Trois fils, à raison de 2/8 chacun. 6/8
La fille, 1/2 du droit de chaque fils 1/8
        Total. 8/8
</pre>

« Ce premier exemple est très simple, mais supposons maintenant que le défunt laisse pour héritiers sa veuve, sa mère, un frère et deux sœurs. Dans cette succession la veuve et la mère sont héritières fardh, le père est açeb, les sœurs le deviennent à cause de sa présence. La loi musulmane fixe la part de réserve de la veuve à 1/4 lorsqu'elle ne se trouve pas en présence de frères et sœurs. En réduisant ces deux fractions au même dénominateur, on trouve 3/12 et 2/12. Il reste donc 7/12 pour les héritiers açebs. Le frère doit avoir une part double de celle de chacune de ses sœurs, cela fait pour tous les açebs quatre parts, deux pour le frère, une pour chaque sœur ; ces 7/12 doivent donc être divisés en quatre parts ; multipliez les deux termes de la fraction 7/12 par 4, ce qui ne change pas sa valeur, et on obtient 28/48. Sur ces 28/48, le frère en aura 14, chacune des sœurs 7 et en réduisant en quarante-huitièmes les parts de la veuve et de la mère on a 12/48 et 8/48.

« La succession se partage donc ainsi :

<pre>
A la veuve 1/4 = 12/48 12
A la mère 1/6 = 8/48 8
Au frère, 14/48. 14
A chaque sœur, 7/48 et pour les deux 14/48 . . . 14
        Total 48/48
</pre>

« On voit que les dénominateurs des fractions représentant les droits

cluaient ou qui réduisaient seulement et dans quelle
mesure, la part des autres appelés. Après ce laborieux effort,
le problème n'était que posé, restait à le résoudre ; il
arrivait souvent, qu'en fin de compte, on attribuait une
somme de parts supérieure à celle qui était disponible.
Dans tout cela il s'agissait beaucoup moins de principes
juridiques, que de subtilités scolastiques et d'interminables
calculs. Pour les décadents raffinés qu'étaient les juristes
arabes, ce vaste fatras de chiffres constituait la moitié de
la science. C'est cette complexité même des lois succes-

des héritiers peuvent, grâce à la complication du mode de détermina-
tion des parts, s'élever déjà à un chiffre fort respectable lorsqu'il n'y
a qu'une succession à liquider. Mais il peut atteindre des proportions
colossales lorsque plusieurs liquidations sont nécessaires.

« Supposons que l'une des sœurs de l'exemple précédent soit décé-
dée et qu'elle ait laissé pour successibles sa mère, son père et sa sœur.
Comment vont se partager les 7/48 qu'elle a recueillis dans la succession de son père prédécédé. La seule héritière fardh est la mère qui a
droit à 1/6, le frère et la sœur, héritiers açebs, prennent les 5/6 restants ; ces 5/6 doivent être divisés en trois parts, il faut alors multiplier
les fractions par 3 ce qui donne :

Pour la mère 3/18
Pour le frère 10/18
Pour la sœur 5/18
    Total 18/18

Ce sont les 7/48 qu'il s'agit de partager proportionnellement aux
nombres 3/18, 10/18, 5/18. On y arrive en multipliant les deux termes
de la fraction 7/48 par 18 cela fait 126/864 et en multipliant le
numérateur des fractions précédentes par 7, ce qui donne en défi-
nitive :

Pour la mère 21
Pour le frère 70
Pour la sœur 35
    Total. . . . . 126/864. »

(Sautayra et Cherbonneau, *Droit musulman. Du statut personnel et des
successions*, Paris, 1896, t. II, p. 239 et suiv., cité par M. Pouyanne,
La propriété foncière en Algérie, Alger, 1900, p. 59 et suiv.)

sorales et les difficultés qu'on avait à fixer les droits de chacun qui en empêchaient la liquidation. Santayra et Cherbonneau citent l'exemple d'une succession liquidée entre trois frères ; leurs parts avaient respectivement pour dénominateur 1.451.520 — 3.732.480 — 69.129.000. Ils ajoutent : « Un travail plus compliqué a été nécessité par la liquidation Ben Djemin. Cette liquidation, confiée à M. Durand, interprète assermenté à Alger, s'étendait à 40 successions, elle portait sur des biens habous et sur des biens melks et, dressée d'après la méthode arabe, elle se termine par une fraction dont le dénominateur se chiffre par trillons ; il est en effet de 16.437.313.583.616. » Ce chiffre est exceptionnel, mais les dénominateurs à 6 ou 7 chiffres se rencontrent couramment.

C'est ainsi que s'introduisait la pratique des indivisions et surtout des partages provisionnels. Si le défunt laissait deux ou trois familles d'héritiers, celles-ci ne continuaient pas, comme on l'a cru longtemps, l'exploitation en commun ; elles s'accordaient pour en opérer le partage à l'amiable. Dans ce partage il était tenu un compte aussi exact que possible des droits de chacun, de ses intérêts en même temps que de la superficie du fonds à partager. Des soultes ou des renonciations, obtenues à prix d'argent, simplifiaient les opérations ; on transigeait avec la loi. Mais il demeurait entendu que ces transactions n'avaient qu'un caractère provisionnel et que chaque cohéritier avait le droit, dès qu'il s'y croyait intéressé, à réclamer un nouveau partage, rigoureusement légal cette fois et exactement conforme aux droits de chacun. En fait, on n'usait que rarement de cette faculté. Il arrivait que ce partage provisionnel l'était des fruits, l'association des héritiers se substituait au *de cujus*, c'est l'exemple-type de l'indivision ; mais plus souvent les paresseux abandonnaient leur droit au travail contre une rente minime que leur payait celui qui mettait en valeur et quelquefois même, la jouissance était alternative, c'est-à-dire que tour à tour, les cohéritiers venaient mettre en valeur et jouir du fonds pendant un délai proportionné à leurs droits. L'imbroglio de ces calculs et de ces pourparlers constituait déjà un sérieux obstacle à la transmission des biens, mais celui qui était parvenu à le débrouiller ne triomphait pas encore et la loi musulmane tenait en réserve une dernière arme qui protégeait plus énergiquement et plus brutalement aussi, le patrimoine familial menacé. C'était le retrait du cheffâa. Les copropriétaires en effet et, suivant le rite hanéfite, les voisins eux-mêmes, avaient la faculté d'empêcher la vente en se substituant à l'acquéreur ; il leur suffisait de faire valoir leurs droits dans les délais fixés.

La procédure empruntait toute son authenticité aux déclarations des témoins ; pour les transmissions dans la tribu d'ailleurs et entre membres de la tribu, cette publicité par commérages suffisait chez un peuple naturellement bavard. Qui ne savait qu'Omar avait vendu son champ à Ali ? et le plus petit des enfants aurait pu dire que le champ vendu était celui que bornaient le grand aloès et le bosquet de lentisques. Si même les deux contractants avaient été particulièrement méfiants et avaient cru devoir recourir au ministère du cadi, ils se fussent bien gardés d'indiquer dans le contrat une superficie, des bornes ou des limites ; le champ avait une individualité propre, c'était une chose publique que tout le monde connaissait ; ils stipulaient simplement le prix, les espèces qui serviraient à l'acquitter et les délais du paiement.

L'acquéreur étranger à la tribu, seul, n'était pas protégé,
mais qui donc le croyait digne d'intérêt ?

L'homme nous apparaît maintenant : c'est un primitif ;
il n'est rien, il n'a jamais rien été qu'une pauvre loque
constamment molestée et exploitée. C'est ce qui a encou-
ragé sa paresse et son imprévoyance, auxquelles le fatalisme de sa religion le poussait, c'est ce qui lui a enlevé
jusqu'à la conscience de l'injustice dont il souffrait. Il ne
conçoit plus que la force, il la redoute dans toutes ses manifestations et la méfiance de ce peureux est venue doubler sa duplicité orientale. Mais cette force il l'espère
aussi pour lui et en abusera à son tour envers des êtres
plus faibles que lui. Dans sa tribu, ses horizons sont
limités, la facilité du sol et sa propre sobriété, la perpétuelle menace d'un gouvernement de bandits, l'insécurité,
les querelles, les migrations, lui ont enlevé tout amour
du travail. Il ne fait que l'effort juste nécessaire pour
végéter. On lui ravirait tout ce qu'il aurait en luxe ou
même simplement en économies. Matériellement, sa condition est la plus misérable qui se puisse imaginer. On
découvre le village écrasé, caché, accroché aux flancs d'une
colline, entouré de broussailles agressives, piteux et mina-
ble de saleté. Les habitations sont en torchis ou en diss,
quand même ce ne sont pas des tentes. De l'intérieur se
dégage une invincible impression de dégoût ; tout y est
repoussant, croupissant, sans lumière et sans bruit comme
dans une tanière. La femme entre, pliant sous le poids
des lourdes jarres d'eau ou des fagots de bois ; ses traits
hagards sont tirés par l'épuisement, sa peau jaune et par-
cheminée accuse encore son effrayante maigreur. Le fellah
lui, rêve ; il embrasse du regard le paysage hirsute et
inculte ; il vit au jour le jour, heureux de la paix d'un

moment. La tribu et ses lois, organisation et législation primitives, le maintiennent borné et tout en le protégeant l'engourdissent encore plus (1). Un jour on vint lui dire que ses maîtres n'étaient plus, qu'une armée chrétienne occupait Alger et ces imbéciles misérables, bonne graine de mystiques, prêts à suivre tous les illuminés qui savaient leur parler d'un idéal sensuel et sentimental, coururent se ranger sous les bannières de l'émir, qui leur promettait, avec la fin des exactions turques et l'expulsion des chrétiens, des lois idéales, coraniques.

(1) Il va sans dire que cette peinture ne s'applique qu'à la partie de l'Algérie qui était soumise aux Turcs et que notamment il faut en exclure les populations kabyles. Celles-ci, groupées en républiques, solidement agglomérées, d'autant plus respectables qu'elles étaient plus tolérantes et qu'on y faisait une large place aux minorités, n'avaient point hésité à modifier celles des lois religieuses qui leur paraissaient incompatibles avec une saine entente de leurs intérêts. Leurs terres caillouteuses et peu productives les obligeaient au travail et leur courageuse activité qui entendait donner à chacun les fruits de ses peines, avait morcelé les droits, fractionné jusqu'aux branches des arbres, réglé jusqu'à la minutie les moindres servitudes. Heureux et fiers de cette pauvreté qui s'alliait à une indépendance vaillamment conquise et opiniâtrement défendue, les Kabyles étaient méprisés par les Arabes qui leur reprochaient leur amour du gain et leur impiété. Telle notre noblesse, étrillée par les bonnes villes, continuait à mépriser la canaille.

CHAPITRE II

LES TERRES

I

Quand la docte commission, que la sagesse du prince avait
envoyée en 1842 en Algérie, eut décidé solennellement que
l'on pouvait tenter un établissement durable dans la nou-

Consulter pour la documentation législative et réglementaire de ce
chapitre : Estoublon et Lefébure : *Code de l'Algérie annoté*, Alger, 1896
et ses *Suppléments* ; pour l'application de ces lois : Estoublon, *Revue
algérienne et tunisienne de législation et de jurisprudence*. Seront
aussi consultées avec profit les publications du Gouvernement Général
de l'Algérie, instructions interprétatives, manuels. On trouvera enfin des
précieuses indications dans l'*Exposé annuel de la situation de l'Algérie*,
les *Procès-verbaux des séances du Conseil supérieur et des Délégations
financières*, ainsi que dans les *Rapports sur les opérations du sénatus-
consulte* et les *Documents de la commission de protection de la propriété indigène*. En dehors des ouvrages généraux déjà cités, on con-
sultera : Anonyme : *L'Algérie et la lettre de l'Empereur*, Paris, 1863
— Anonyme : *Étude sur la propriété indigène. Extraits de la Solidarité, journal d'Alger*, Alger, 1870. — Boyer-Banse : *La propriété indigène dans l'arrondissement d'Orléansville*, Orléansville, 1902. —

velle conquête et que, dans ses procès-verbaux, l'exposé des systèmes, chers à chaque membre, eût pallié au défaut de renseignements précis, il fallait, pour exécuter le programme proposé, faire d'abord le recensement des terres du domaine où l'on installerait les nouveaux colons.

Ce travail de reconstitution, qui devait se faire sans documents puisque nous avions laissé les Turcs brûler le compte de leurs pilleries et l'inventaire de ce qu'ils appelaient leurs droits, était d'autant plus difficile que notre

Caumartin : *De la propriété immobilière en territoire arabe*, Alger, 1875. — Charpentier : *Précis de législation algérienne et tunisienne*, Alger, 1899. — Colin : *Projet de loi modifiant les lois des 26 juillet 1873 et 28 avril 1887, relatives à l'établissement et à la conservation de la propriété immobilière*, Alger, 1891. — Dain : *Projet de loi sur le régime de la propriété foncière en Algérie*, Alger, 1887 ; *Les réformes de la législation foncière de l'Algérie*, Alger, 1891. — Dareste : *De la propriété en Algérie*, Paris, 1864. — Eyssautier : *Le statut réel français en Algérie*, Alger, 1887. — Ferry : *Le gouvernement de l'Algérie*, Paris, 1892. — Franck-Chauveau : *La propriété foncière en Algérie*, Sénat, 1893. — Franque : *De la législation de la propriété en Algérie* ; Paris, 1848. — Guichard : *Régime forestier de l'Algérie*, Sénat, 1893. — Jacquey : *Des droits d'usage de l'indigène dans les forêts de l'État en Algérie*, Paris, 1881. — Lefebvre : *Les forêts de l'Algérie*, Alger, 1900. — Marchal : *Les hommes de proie*, Alger, 1893. — Marion : *Lettre sur la constitution de la propriété en Algérie*, Alger, 1842. — Mathiss : *Partages et licitations indigènes*, Mostaganem, 1888. — De Ménerville : *Dictionnaire de législation algérienne*, Alger, 1872. — Perriaud : *Commentaire du sénatus-consulte de 1863*, Alger, 1867. — Poivre : *La propriété immobilière en Algérie*, Alger, 1888. — *Projet de décret sur le cantonnement des indigènes*, Alger, 1861. — *Rapport de la commission chargée de l'élaboration d'un projet de Code forestier*, Alger, 1896. — Robe : *La propriété immobilière en Algérie*, Alger, 1875 ; *Les lois de la propriété immobilière en Algérie*, Alger, 1891. — Thiébault : *Propriété indigène*, Paris, 1893. — Tilloy : *Répertoire alphabétique de jurisprudence, de doctrine et de législation algérienne et tunisienne*. Mots : *Propriété, Bois et forêts, Domaine*. Alger, en cours de publication.

4. — 4

ignorance de l'Algérie était entière et que notre confiante naïveté risquait d'être exploitée par un peuple madré, faux et hostile. Mais il fallait des terres pour qu'il y eût des concessions. On était à une époque d'étatisme, mais d'étatisme aimable ; le communisme risquait ses rêves hors des cénacles et venait les briser contre la brutale réalité ; une très imparfaite connaissance de ce qui s'était passé aux États-Unis et en Australie ajoutait à la tendance et l'autorité militaire, imbue de tout le fatras d'erreurs historiques et sociales qui avaient cours sur les républiques militaires de l'antiquité, encourageait l'adoption d'un système qui lui eût assuré une complète autonomie, du pain pour vivre et des bras pour combattre. La même sereine conviction qui nous faisait rêver en Algérie de futures récoltes de canne à sucre, de coton, d'indigo et de café, peuplait les fertiles régions du pays de petites concessions, serrées comme les cellules d'une ruche, régulières, tracées par le génie militaire, protégées par l'artillerie des forts et exploitées sous la direction des généraux. Déjà les premiers colons étaient venus d'Allemagne, des transports de jeunes femmes mouillaient en rade, les premiers cimetières se peuplaient après que les premiers cabarets se fussent achalandés et Bugeaud, soldat de génie, administrateur énergique, mais dangereux économiste, demandait des terres, des femmes et des subventions pour vingt mille guerriers libérables. On ne fit jamais plus beaux rêves plus mal à propos.

Cependant de rares et audacieux esprits pensaient que le colon français était de taille à faire seul ses propres affaires. Quelques gens d'initiative, aventureux, de grande hardiesse, de grande famille et souvent de grands capitaux, s'étaient fixés dans la Mitidja. Leurs récoltes n'étaient

pas encourageantes, mais à défaut de vanille et de cacao,
ils produisaient d'innombrables écrits. Dans ce pays
béni, où la prose a toujours fleuri en si curieuses variétés,
ce fut une avalanche de brochures et d'imprimés, de lettres ouvertes, de pétitions et de simples exposés, d'opinions, de vœux et d'avis et toute cette paperasse ne récla-
mait pas de terres de l'Etat, mais simplement la possibilité
d'en acquérir de l'indigène. La colonisation privée, née au
lendemain de la conquête, offrait spontanément son concours à l'administration et n'exigeait que la sécurité des
transactions. Qu'était-il arrivé, en effet ? Les premiers
colons étaient allés dans les tribus, imbus des mêmes idées
candides que l'administration ; ils avaient pensé vivre côte
à côte avec l'indigène, en missionnaires de la civilisation. Ils reprochaient amicalement aux arabes le déla-
brement des marabouts et des mosquées, fournissaient de
leur poche de quoi les restaurer, mais quand ils voulaient
exploiter les terres achetées, de cruels mécomptes les
attendaient. S'imagine-t-on le colon, arrivant dans ces
parages, avec un titre constatant qu'il avait acheté une
ferme, bornée par un ravin et une haie de cactus : quand
il croyait avoir découvert l'objet du contrat, les oppositions
pleuvaient de tous côtés. Les voisins contestaient les
limites, les parents opposaient leurs droits indivis ou menaçaient du chefâa, un marabout affirmait la terre habous, donc inaliénable, les créanciers invoquaient leurs
rahnia's ou tsenia's et toutes ces contestations étaient
d'autant plus difficiles à vider que l'acquéreur était étranger, donc ennemi de la tribu et chrétien, donc ennemi
de la religion. La tribu entière s'armait pour le chasser.

Ainsi donc, reconnaissance du domaine pour pourvoir

aux besoins de la colonisation officielle, réglementation
de la propriété individuelle pour pourvoir à ceux de la colonisation privée, tels étaient les deux éléments du problème qui se posait immédiatement après la conquête et
pour lesquels aujourd'hui encore, on n'a pas trouvé de
solution satisfaisante. Tout a été tenté ; on a supposé le
sol détenu à titre collectif et déjà on avait commencé à le
partager entre les détenteurs, quand on reconnut que la
propriété collective n'existait pas ; on voulut alors atteindre le résultat en recensant les propriétés privées, mais
elles étaient sans titres ; on en délivra, la trame serrée
des lois musulmanes et l'enchevêtrement des droits successoraux les immobilisaient. Toutes les erreurs furent
commises et on tomba dans tous les excès. Chaque régime
a apporté sa pierre à l'édifice ; la monarchie de Juillet
laissa des ordonnances, la fugitive deuxième République
une loi, l'Empire un sénatus-consulte, la troisième République trois lois. La législation est devenue de plus en
plus incertaine. Les premiers, forts de leur ignorance ont
prononcé avec fermeté. Depuis ce ne furent qu'hésitations ;
les délibérations des commissions et des parlements ont
accru le trouble. On confia la tâche, qu'un seul homme eût
pu difficilement mener à bien, à la paresse irresponsable
d'une assemblée : on crut que la bonne volonté des discours pouvait suppléer aux patientes recherches. La législation foncière de l'Algérie, fameuse à plus d'un titre,
respectable par le travail qu'elle représente, immortelle
par ses erreurs et ses lacunes, terrible par ses conséquences et qui, après soixante ans d'efforts et de soubresauts,
a fini par avouer son impuissance, serait bienfaisante si
elle pouvait rester comme un sage enseignement. Les
questions coloniales doivent être étudiées et décidées par

les colonies elles-mêmes. La métropole doit garder sur elles un droit de contrôle seulement et opposer son veto quand il se passe dans ces terres éloignées quelque chose qui n'est pas digne de la France ou qui porte atteinte à sa souveraineté.

Rien n'indique mieux l'affolement d'un pouvoir impuissant que l'excès de réglementation. L'administration algérienne qui, pressée par les circonstances, voulait tout faire et ne parvenait à rien réaliser puisqu'elle bâtissait sur le sable et ne savait rien de certain, manifesta son activité par d'innombrables arrêtés, tous plus ou moins inapplicables ou contradictoires, mais dont l'étude préparatoire, celle des modifications et souvent de l'abrogation, trompait sa fièvre de travail. On prit d'abord une quinzaine d'arrêtés pour rassembler les éléments d'un domaine, qu'on pressentait immense sans parvenir à le saisir et pour être certain que des ventes frauduleuses ne pourraient fausser ce travail de reconstitution, huit autres arrêtés édictèrent, puis rapportèrent pour la réédicter, une interdiction générale de transmettre et d'acquérir. Huit arrêtés enfin, se proposaient de vérifier tous les actes existants pour s'assurer de leur régularité. Cette méfiance qui faisait arrêter tout le monde pour être certain de ne point manquer le voleur et qui, pendant longtemps encore, devait planer sur la législation foncière algérienne n'était que trop justifiée par les événements. La ruse et la mauvaise foi orientales nous avaient infligé de cruelles leçons sur d'autres théâtres que celui de la guerre. Au lendemain de la conquête, la spéculation s'était emparée d'Alger. Tout ce qui avait approché le gouvernement des Turcs et les simples particuliers même vendaient ou louaient des espaces infinis. Souvent la terre vendue n'existait pas ; parfois aussi elle existait, mais était à l'État ou aux villes saintes, et même quand elle était la propriété du vendeur, celui-ci, confiant dans le triomphe final de l'Islam, n'hésitait pas à s'en défaire. Les riches achetaient et quant à ceux qui ne possédaient pas les quelques milliers de francs nécessaires pour devenir propriétaire, ils pouvaient recourir à des rentes perpétuelles, analogues à celles de notre ancien droit français. Le 1er octobre 1844, enfin, vint de France le premier Code foncier et moins d'un an après (ord. du 15 avril 1845) on envoyait les agents du domaine, exclusivement recrutés dans la métropole, qui étaient chargés de l'appliquer.

Ce premier Code foncier de l'Algérie, constitué par les ordonnances du 1er octobre 1844, du 21 juillet 1846 et l'arrêté de règlement du 17 septembre 1846, formaient un tout complet, homogène et somme toute excellent, s'il n'avait été inapplicable. L'ordonnance du 1er octobre 1844, la première venue, liquidait le passé et réglait l'avenir. Toute une série de dispositions statuaient définitivement sur les acquisitions d'immeubles, les rachats de rentes et les expropriations ; c'était pour le passé, et quant à l'avenir, on divisa le pays en deux territoires dont l'un était ouvert à la colonisation et l'autre lui était fermé. Dans la zone ouverte, déterminée par des arrêtés ministériels, les transactions étaient libres et il suffisait aux détenteurs de titres de les présenter, dans un délai de trois mois, au visa de l'administration. Celle-ci pouvait les soumettre à l'appréciation des tribunaux qui les annulaient s'ils étaient postérieurs à la conquête. Exceptionnellement cependant et l'exception est bien de son temps, les détenteurs de parcelles mises en valeur étaient présumés propriétaires, le travail valant titre. La vérification opérée et la régularité du droit étant constatée, le propriétaire jouissait comme en France, avec cette importante restriction, toutefois, qu'il devait payer une taxe de 5 francs par hectare laissé en friches. Quant à la zone fermée, toutes les acquisitions, autres que celles faites par l'État ou les indigènes, étaient rétroactivement annulées et demeuraient interdites. L'ordonnance de 1846 ajouta encore à la sévérité de ces principes. En vertu de ce dernier texte, un conseil du contentieux, tribunal administratif, se substitua aux tribunaux judiciaires, pour apprécier la régularité des titres. Les parcelles cultivées ne furent plus exemptées, mais leurs propriétaires dépouillés, pouvaient bénéficier d'une concession. L'impôt d'inculture fut élevé à 10 francs par hectare et en même temps, l'expropriation pour inculture fut édictée.

Les intentions des rédacteurs des ordonnances étaient excellentes. Ils avaient compris qu'il fallait consolider la propriété individuelle par la délivrance de titres, opérant purge de tous droits antérieurs, mais leurs procédés étaient par trop cavaliers.

Il est difficile de nier que ces mesures sentent la chambre ardente. Un État qui se présume propriétaire, un propriétaire obligé de mettre en valeur, ce sont là des notions qui heurtent nos principes individualistes. Mais il y avait eu des abus scandaleux, il fallait faire table rase pour pouvoir faire de la colonisation officielle et dans ce pays neuf, une expérience était permise. D'ailleurs, le mal fut circonscrit. L'Algérie française de 1846 était peu de chose. Les opérations terminées en 1849 portèrent sur 210.693 hectares, dont 168.203 pour le seul département d'Alger, 13.063 pour Oran et 29.427 pour Bône. Ces superficies furent réparties de la manière suivante :

	aux Européens.	aux Indigènes.	au Domaine
	Hectares	Hectares	Hectares
Alger	36.825	11.512	94.797
Oran.	5.326	3.732	924
Bône	12.703	16.634	
Totaux	54.994	31.878	95.721

28.000 hectares demeuraient litigieux, dont plus de 25.000
à Alger et le reste à Oran. On avait été sévère ; dans le
département d'Alger, l'État s'attribuait plus de la moitié
des terres vérifiées et affirmait ses droits sur un troisième
quart. Mais ce fut cette sévérité même qui créa l'embarras,
18.571 hectares seulement, sur les 94.797 que l'État s'ad-
jugeaient étaient délimités, le reste n'avait pas été réclamé
dans les délais légaux par les indigènes, qui continuaient
à y vivre. On n'osa les expulser ; 28.000 hectares étaient
litigieux, d'ailleurs 50.000 hectares du territoire des
Hadjoutes devaient aussi faire l'objet d'une transaction.
Le 2 mars 1851, le gouverneur général institua une commission dite des partages et transactions chargée d'aviser
sur toutes ces questions et de concilier les droits du domaine avec les besoins des populations. La commission,
dont le travail de liquidation ne prit fin qu'en 1851, attribua définitivement 78.000 hectares au domaine. Le reste
fut concédé gracieusement.

Tout ce travail de vérification avait été fait par des
agents du domaine venus de France avec le texte qu'ils
devaient appliquer. Ces agents zélés étaient aussi peu préparés que possible à leur tâche ; tout leur était inconnu et
ils n'avaient le temps de rien apprendre. Ils avaient l'habitude du cadastre ; en Algérie, ils ne rencontraient même
pas de limites : les titres notariés, précis jusqu'à la
minutie, étaient remplacés par des témoignages de gens

qu'ils ne comprenaient pas et contre lesquels on les avait fort justement mis en garde. Dans ces conditions, la reconnaissance des droits de l'État et leur sauvegarde, une tâche ardue en pays civilisé, devenait un jeu de hasard. Les seuls fonctionnaires qui pouvaient les renseigner, les officiers des bureaux arabes en savaient eux-mêmes fort peu et étaient bien décidés à ne pas user de leur influence ou de leur autorité pour faire causer leurs administrés. L'armée d'Afrique, jeune, chevaleresque et indépendante, n'avait pas grande sympathie pour des gens de plume, qui venaient vérifier les droits des tribus. Le bureau arabe voulait avant tout la paix ; il y allait de son intérêt, le vérificateur venait susciter des querelles. Ainsi naquit cette fatale dispute entre les fonctionnaires civils et militaires ; tour à tour ils devaient vaincre, mais combien le triomphe du « royaume colon » fut-il plus éclatant que celui du « royaume arabe »!

L'ère des conflits était ouverte, les gouverneurs adressaient en vain des circulaires recommandant la bonne entente et voici en quels termes, l'Empereur, écrivant au maréchal de Mac-Mahon, gouverneur de l'Algérie, qualifiait l'œuvre du domaine de 1846 à 1863 : « L'Arabe doit se souvenir de la guerre obstinée que lui a faite le domaine qui, dans un intérêt mal entendu, revendiquait sous des prétextes plus ou moins plausibles, un sol habité de père en fils, depuis des siècles par les indigènes. Pendant longtemps cette administration a été juge et partie, ne répondant aux réclamations que par l'offre illusoire du recours en Conseil d'État. » Il y a un document plus curieux : c'est l'histoire des luttes entre le bureau arabe de Mostaganem qui ne voulait pas qu'on domanialisât et le vérificateur de la circon-

cription qui entendait bien exécuter ses instructions. Le
13 janvier 1852, le général commandant la subdivision de
Mostaganem signale au général commandant la division
d'Oran, le vérificateur qui « s'est mis à la poursuite des
tribus et inscrit, par l'intermédiaire de son géomètre, les
sekka's qu'elles cultivent. » On concilie et, le 7 octobre
1852, M. le commandant du bureau arabe de Mostaganem,
agissant au nom de l'autorité militaire d'une part, et
M. le vérificateur des domaines, agissant pour le compte
de l'autorité civile de l'autre, signent un traité par lequel
ils limitent leur sphère d'influence. Le 27 mai 1853, Mostaganem annonce à Oran que le vérificateur a dénoncé le
traité. « Il me semble difficile d'admettre, ajoute Mostaganem, que M. le Vérificateur perçoive des prix de location
que lui seul a jugé convenable de faire, contrairement à
toutes les conventions acceptées précédemment par lui et
qu'il se pose en arbitre absolu de toutes les contestations. »
L'affaire est soumise au gouverneur général qui donne
raison aux militaires. On pense avec quel plaisir le général de Mostaganem, qui déjà avait parlé « d'une étourderie
de M. le vérificateur », communiqua cette décision à ce
fonctionnaire qui « de son autorité privée et sans consulter le bureau arabe » avait domanialisé quelques milliers
d'hectares. Ajoutons que le vérificateur battu fit appel et
obtint gain de cause en 1855.

Toutes ces querelles ne seraient que comiques si derrière les susceptibilités de quelques fonctionnaires, il n'y
avait les intérêts de plusieurs milliers d'indigènes. Voici
en quels termes le rapport du général de division, auquel
nous avons emprunté le récit des faits qui précèdent,
apprécie les conséquences de la « légèreté avec laquelle
le service des domaines a traité, ce qui, après la religion

était le plus grave, le plus solennel, le plus délicat en pays arabe : la propriété ». « Beaucoup de biens melks, reconnus tels par des titres authentiques, n'ont pas été à l'abri du fisc. Les indigènes détenteurs de ces actes, après avoir vainement cherché à les faire admettre les ont livrés de guerre lasse et à vil prix à des agioteurs européens devant lesquels le domaine, si impitoyable quand il s'agissait d'Arabes, faisait fléchir ses prétentions. Il cédait le lendemain les terrains dont il refusait de se dessaisir la veille, parce que les nouveaux venus, plus familiers que les Arabes avec nos lois, le menaçaient de poursuites judiciaires, qu'il jugeait prudent d'éviter. Qu'est-il résulté d'un semblable état de choses ? Le spectacle scandaleux, d'indigènes dépossédés pour quelques écus, du patrimoine de leurs pères, au profit d'un certain nombre d'Européens qui, habiles à exploiter les circonstances et l'inexpérience des vaincus (le terme était à la mode à l'époque), ont réalisé des « fortunes » et le rapport, après avoir insisté sur le danger que présentait un pareil état de choses « qui crée une situation des plus sérieuses, car elle excite un mécontentement profond parmi les tribus intéressées et jette la méfiance parmi les autres », conclut en ces termes : « Nous ne saurions maintenir cette situation sans léser la justice, sans faire perdre aux populations le peu d'espoir qu'elles ont encore dans les promesses qui leur ont été solennellement faites de leur garantir la propriété du sol qu'elles occupaient depuis un temps immémorial. »

Il est certain qu'il faut ici faire la part de l'exagération, mais il y a une part de vérité aussi. Les vérificateurs étaient inexpérimentés, leurs instructions étaient sévères car il fallait des terres à la colonisation ; il est naturel qu'ils aient eu la main lourde. Les commissions instituées en exécution du sénatus-consulte et dans lesquelles le domaine était représenté relevèrent presque dans chaque tribu des erreurs, effets d'un zèle excessif. Chez les Hassen ben Ali (Médéa) et les Heumis ce sont des cimetières, incontestablement biens communaux, qui avaient été affectés au domaine de l'Etat. Chez les Ouled Mazouz (Collo), un pâturage avait été qualifié marais. Souvent aussi le domaine, reconnaissant son erreur, abandonnait ses prétentions (voyez : Kendek Asla, fraction des Ouled Aslia : Constantine : Ouled Mazouz ; Collo : Beni Khemis, Ouled Saïd ; Mascara : Khachnis, Dellys : Zeramna, Medjadja ; Collo : Beni Maharez, Teniet et Haad). Et combien de fois n'arrivait-il pas que la rigueur d'une loi qui édictait une présomption de propriété en faveur de l'État, apparaissait tellement évidente, que les commissions croyaient devoir signaler les victimes à la bienveillante attention des pouvoirs publics (voyez : Hachem Darough, Beni Mehenna, Philippeville ; Beni Bou Naïm Sfisfa ; Collo : Akerma, Gharaba, Mostaganem) et pour les Abid's et les Bordjia's, notamment, ces deux tribus dont le bureau arabe de Mostaganem avait si chaleureusement plaidé la cause. la commission rappelle que la première qui avait en 1841 17.000 hectares pour 2.500 âmes, était réduite en 1865 à « 6.000 hectares de terres maigres, rocailleuses et privées d'eau, nourrissant à grand'peine 1.100 habitants » et que la seconde dont le domaine était de 27.000 hectares pour 8,000 habitants se trouvait réduite à 19.522 hectares pour 5.400 habitants ; pour toutes deux elle proposait des mesures réparatrices. Il ne serait que trop facile d'allonger cette liste. Il n'est guère de rapport dans lequel on n'ait à reprocher au domaine des abus, des erreurs ou simplement un excès de zèle. Ces maladresses étaient fort excusables de la part d'un personnel inexpérimenté, se trouvant dans une position délicate et chargé d'appliquer des instructions sévères, mais leurs conséquences n'en ont pas été moins regrettables.

II

Le domaine devait faire mieux encore. Il semblait que l'administration, honteuse du flot de décisions, généralement contradictoires, rendues de 1830 à 1844, voulût cette fois bien faire et laisser dire. Presque spontanément, à l'abri de quelques circulaires, naquit, grandit et se développa, une théorie extrêmement souple et habile ; celle du cantonnement. L'État français, ayant droit des Turcs, avait comme ceux-ci un droit de propriété éminent sur la terre indigène. Ce droit était stérile puisqu'il ne donnait lieu à la perception d'aucun impôt, c'était une menace gratuite. Il suffisait de le mettre en valeur ; on offrait alors à l'indigène de retirer définitivement cette menace contre une indemnité : « Tu as aujourd'hui 100 hectares à titre précaire. Je t'en prendrai 25 en pleine propriété et abandonnerai mon droit sur les 75 autres. » Ce procédé n'avait rien qui pût heurter les principes admis. La précarité du droit de propriété sur une grande partie des terres algériennes n'était plus discutée et on croyait que le système de Worms ne s'opposait pas à la mesure. Fondée en théorie, les lois paraissaient d'avance la sanctionner. Les ordonnances de 1844 et de 1846 étaient allées beaucoup plus loin. Elles avaient fait plus que réserver le domaine éminent, en attribuant à l'État en pleine propriété toutes les terres qui ne faisaient pas l'objet de titres authentiques. Il y avait bien la loi de 1851, mais il était difficile d'en déterminer la portée et elle pouvait être aussi bien interprétée comme une infirmation que comme une confirmation de la théorie arch. La commission des partages de 1851, d'ailleurs, avait usé de la mesure, en la présentant, il est vrai, comme une décision gracieuse et non comme une transaction de droit. A toutes ces excellentes raisons allait venir s'ajouter un besoin pressant de terres. Il suffisait d'oser, Bugeaud osa, Randon fut plus net et Pélissier causa, bien malgré lui, l'effondrement du système.

Le maréchal Bugeaud, dans une circulaire du 16 avril 1847, mentionne pour la première fois ces « resserrements ». Il le fait avec une extrême prudence ; il conçoit, mais n'organise pas. Il songeait si peu à discuter les droits de possession séculaire, même s'ils n'étaient pas légitimés par un titre, qu'il rappelle la décision de la commission des crédits extraordinaires d'Afrique, assimilant la longue possession des Arabes à un titre et c'est « cet ordre d'idées qui doit, général, vous diriger dans tous vos projets de colonisation européenne ». Il faut avant tout éviter le mécontentement des Arabes et M. le maréchal, duc d'Isly, insiste : « Évitez avec soin, général, de donner aux tribus des inquiétudes anticipées sur la dépossession de leur territoire en les faisant arpenter et cadastrer. Cela ne doit se faire que pour les projets d'une prochaine exécution. Que si l'on veut cependant, dans la prévision d'un avenir qui ne serait pas très éloigné, avoir des données approximatives sur certains territoires dont on voudrait disposer plus tard, il faut le faire sans apparat, en envoyant sous un prétexte plausible des officiers d'état-major visiter les tribus avec un détachement et chargés en même temps de levées à vue sur une grande échelle et par grosses masses. Cette précaution est d'autant plus essentielle que déjà, l'inquiétude et le mécontentement des Arabes ont été excités sur plusieurs points par les opérations topographiques et même cadastrales qui ont été faites par des officiers. » Toutes ces précautions et ces demi-mesures n'ont rien d'une opération générale. D'ailleurs, pour Bugeaud, rien ne presse. « Les terres domaniales, dans l'intérieur, sont d'une étendue considérable ; dans certaines subdivisions, dans celle d'Oran, par exemple, elles ne vont pas à moins de 150.000 hectares. » Le maréchal veut simplement « resserrer les Arabes sur le territoire qu'ils possèdent et dont ils jouissent depuis longtemps, lorsque ce territoire est disproportionné avec la population de la tribu », et encore ce resserrement ne doit-il pas aller sans dédommagements ; « un pont, un barrage pour les irrigations, une route, une mosquée, quelques secours en bois, en fer, en ouvriers pour aider les indigènes à construire des villages, des distributions d'arbres utiles pour planter les environs de leurs habitations, un fondouk reconnu nécessaire, enfin un objet quelconque d'utilité publique désiré par la tribu. »

Deux années plus tard, circulaire du gouverneur Charon (15-22 juin 1849), plus précise mais tout aussi prudente. Il signale « l'imagination des Arabes qui travaille, la crainte qu'ils ont de se voir déposséder des terres qu'ils occupent depuis si longtemps, crainte qui les rend accessibles à tous les bruits absurdes que font courir ceux qui veulent les entraîner dans un mouvement contraire à notre domination ». Les opérations de cantonnement ne devront toucher à la propriété individuelle qu'en cas d'absolue nécessité ; il en sera de même partout où il y aura des titres authentiques, mais on pourra agir « avec moins de réserve en ce qui concerne les terres possédées à titre

d'usufruit, depuis une époque antérieure à la conquête ».
Charon se sépare ici de Bugeaud. Les théories de Worms
ont fait leur chemin, le droit précaire s'appelle déjà droit
d'usufruit. Les tribus installées sur ces terres pourront
être resserrées sans inconvénients « elles ne pourront se
plaindre puisqu'elles arriveront à posséder d'une manière
positive et sans retour des terres suffisantes en échange
de celles sur lesquelles elles n'existaient qu'à titre d'usufruit et de tolérance ». A cette affirmation déjà plus énergique des droits de l'État, mais combien timide encore, était
jointe une consultation d'un juriste musulman qui légiti-
mait en droit le cantonnement et rassurait ainsi toutes les
consciences alarmées.

Mais voici qui est plus net encore. Nous sommes en
1858, la colonisation a progressé, les ordonnances de 1844
et 1846 n'ont pas donné les résultats qu'on en avait espéré;
elles avaient eu assez de force pour liquider le passé, mais
manquaient de souplesse pour régler l'avenir; les vastes
réserves de Bugeaud étaient épuisées. Randon avait déjà
créé sa commission des transactions et partages qui n'était
autre qu'une commission du cantonnement. C'est cette
commission qu'il va généraliser (circulaire du 20 mai
1858). Le général déplore les lenteurs des opérations;
ses instructions de 1856 sont demeurées sans suite, ou
« n'ont amené que des résultats à peu près insignifiants »
et pourtant l'opération « domine la colonisation », car c'est
elle « qui doit avoir pour résultat principal de nous fournir des ressources territoriales suffisantes pour que la colonisation européenne puisse progresser rationnellement
et équitablement ». Le gouverneur désire que « le cantonnement s'opère annuellement et progressivement en pro-
cédant de proche en proche dans les proportions des be-

soins du peuplement européen et en tenant compte des établissements déjà existants et de ceux qu'il y a intérêt de créer prochainement ». Pour que tout ceci ne demeurât pas lettre morte, le général organisait une commission par province pour opérer sur le territoire des tribus qu'il désignerait, et le ministre de la guerre en personne approuverait les travaux.

Le cantonnement sort des limbes ; après les gouverneurs, les ministres s'en occupent (circulaire du 7 septembre, 15 octobre 1859), la circulaire du 12-29 mai 1860 couronne l'édifice. Au lieu d'une commission par province, on en institue une dans chaque subdivision militaire et dans chaque arrondissement civil. Ces commissions, présidées par des officiers supérieurs ou des sous-préfets, comprenaient des délégués du bureau arabe, du domaine et du service de la colonisation. Elles recensaient le nombre des habitants de la tribu, les têtes de gros et de petit bétail. On accordait pour chaque individu 3 hectares et 1 hectare pour chaque tête de gros bétail ; 6 moutons étaient assimilés à 1 bœuf. Ces chiffres, arrêtés et la part faite à tous les besoins, on procédait au lever des terres de la tribu et l'on voyait ce qu'il fallait leur laisser et leur enlever. Ce qu'on leur laissait devait faire l'objet de titres de propriété définitifs et incommutables, ce qui leur était retiré devait servir à la création de villages au profit de l'élément européen. On pensait pouvoir marcher rapidement et marcher au grand jour. En 1861, le maréchal Pélissier, voulant donner plus de solennité aux opérations, réunit une commission chargée d'étudier un projet de décret sur le cantonnement (arrêté du 29 mai 1861). Ce fut la mort du système. La définition qu'on y donnait du cantonnement était des plus alléchantes. On devait « reconnaître et confirmer

par de nouveaux titres la propriété melk, attribuer des
concessions à titre gracieux aux indigènes établis sur des
terres domaniales et grouper ces terres domaniales autour
des points destinés à devenir des centres de population
européenne ». Toutes ces belles promesses ne parvenaient pas à détacher l'attention du Conseil d'État du
paragraphe qui parlait de « convertir en droit de propriété
melk, moyennant un prélèvement au profit de l'État, les
droits de jouissance collectifs ou individuels exercés sur
les terres arch ou sabega par les tribus ou fractions de
tribu ». Le projet dut être retiré.

Cette « conversion » qui, très certainement, était une
violation des solennelles promesses par lesquelles le gouvernement s'était engagé à considérer comme titre la possession immémoriale, était mal fondée en droit musulman. On avait trop facilement défini le droit de jouissance
précaire des tribus, un droit d'usufruit. Cela était presque
vrai pour les terres « mortes », terres de parcours, que
l'État pouvait reprendre, si elles n'étaient pas indispensa-
bles aux troupeaux de la tribu, mais cela était certainement faux pour les terres de culture, dont l'indigène,
quelle que fût leur étendue et quels que fussent ses besoins, ne pouvait être dépossédé tant qu'il cultivait et
qu'il payait l'impôt. Or, si la loi de 1851 ne transformait
pas les terres arch en propriétés melk, comme le préten-
daient les bureaux arabes, son article 11 maintenait les
droits de jouissance tels qu'ils existaient sous le gouvernement des Turcs. Worms lui-même déclara qu'on
était allé trop loin.

Il faudrait d'ailleurs bien se garder d'exagérer l'importance des opérations de cantonnement. Il est certain qu'en
1847 on se mit au travail. La circulaire Charon prouve

que la question était à l'ordre du jour ; Bugeaud d'ailleurs n'était pas d'humeur à donner des ordres pour qu'on ne les exécutât point. Chez les Beni Mehenna notamment, le cantonnement fut entrepris en 1849. Mais les opérations furent menées très lentement et c'est ainsi que le cantonnement des Beni Mehenna, commencé en 1849, n'était pas encore achevé en 1863. Les bureaux arabes étaient franchement hostiles et en haut lieu la circonspection était bien grande. Complètement interrompues en 1851, pendant la discussion de la loi sur la propriété, dans laquelle les bureaux arabes espéraient trouver la consécration de leurs théories, elles ne furent reprises qu'en 1855. « En tout, les commissions de cantonnement ont abouti à cantonner seize tribus, présentant ensemble une population de 56.489 âmes et occupant des territoires d'une étendue totale de 349.387 hectares. Ces territoires ont été réduits à 282.024 hectares, ce qui laissait une moyenne de 5 hectares par individu ou 25 hectares par famille et l'administration française s'est réservée 61.633 hectares soit environ le sixième des territoires primitifs. » (Exposé des motifs du sénatus-consulte de 1863.) Dans six de ces tribus, des titres de propriété individuelle furent délivrés.

Si juridiquement l'opération est difficile à justifier, économiquement elle fut plus malheureuse encore. « Il s'est produit, à la suite de ces opérations un fait significatif qui mérite d'être signalé. Lorsque les terres obtenues par le cantonnement étaient aliénées par l'État, les Arabes les rachetaient aux Européens ou se portaient en concurrence avec eux aux enchères, pour rentrer en possession du sol qui venait d'être détaché du territoire de la tribu. D'autres, n'ayant pas les moyens de se porter acquéreurs, sollicitaient des Européens la faveur d'être maintenus à

titre de fermier. » (Exposé des motifs du sénatus-consulte
de 1863.)Mais ce qui était plus regrettable encore, c'étaient
l'inquiétude et la méfiance des indigènes. Par des promesses qu'on ne tenait pas, par des maladresses plus déplorables encore par l'incertitude, l'hésitation, la timidité
qu'on mettait à les commettre, que par leur injustice, on
propageait cette méfiance et cette inquiétude que Bugeaud
et Charon signalaient dans leurs circulaires comme les
pires dangers, que moins de vingt ans plus tard l'Empereur déplorait dans ses lettres aux gouverneurs généraux
et que dernièrement encore on dénonçait à la tribune de
notre Chambre des députés, comme le plus sérieux, le seul
obstacle presque à nos progrès (voyez *J. Off.*, Déb. parl.,
1901, I, p. 1138).

III

Le 6 février 1863, l'Empereur adressait au maréchal
Pélissier, qui s'était efforcé avec tant de courage et si peu
de succès, de faire triompher la théorie du cantonnement,
une lettre où l'on qualifiait sévèrement une politique qui
« s'armait des principes surannés du mahométisme pour
« dépouiller les anciens possesseurs du sol et sur une terre
« devenue française, invoquait les droits despotiques du
« Grand Turc » et par laquelle l'Empereur annonçait son
intention de rendre les tribus « maîtres incommutables
du sol qu'elles occupaient à quelque titre que ce fût ».
L'Algérie se crut perdue et de ces lignes impériales, dont
la facile rhétorique avait pour objet de tout concilier, elle
ne retint qu'une figure, celle du « royaume arabe », à laquelle elle donna une interprétation des plus strictes et
des plus contestables.

Le sénatus-consulte, qui donnait une forme précise aux desiderata de l'Empereur, fut promulgué le 22 avril 1863. Son principal vice ne fut ni son acte de généreux abandon, ni ses procédés d'application, auxquels on devait plus tard revenir, mais bien la portée qu'on lui attribua. Entre les bureaux arabes et le domaine la lutte continuait, sourde, mais âpre et violente. A ces querelles, fréquentes entre administrations d'ordre différent, on voulut donner plus d'envergure ; on s'efforça de les grossir, pour mieux les excuser ; le domaine était le champion du régime civil, de la civilisation et du progrès ; le bureau arabe s'entêtait à défendre une féodalité branlante, parce qu'elle était guerrière. Les deux ennemis défendaient leur cause avec le même acharnement, le même entêtement et la même maladresse. Ils n'avaient que trop réussi à passionner la population pour leurs disputes et à opposer ainsi des intérêts qui se confondent dans l'intérêt supérieur de l'Algérie : ceux de la colonisation et ceux de l'indigène. Le domaine avait gagné les premières manches. Les ordonnances de 1844 et de 1846, les circulaires du cantonnement surtout, avaient été pour lui autant de triomphes. Les bureaux arabes prenaient leur revanche avec l'Empereur. De très bonne foi la colonisation se crut victime ; elle imagina qu'on avait voulu la frapper, se persuada qu'on ne pouvait rien faire pour l'indigène sans nuire à son propre essor. C'est dans ce pessimisme et dans ce découragement, fruits d'une imagination trop ardente et d'un caractère trop prompt à s'alarmer, qu'il faut chercher l'explication du temps d'arrêt marqué par le sénatus-consulte dans l'histoire du progrès de l'Algérie.

Les grandes lignes de ce nouveau Code foncier sont connues. Suivant une erreur commune à l'époque, et aujour-

d'hui encore trop répandue, en croyait à un collectivisme
agraire chez le peuple arabe. On entendait convertir cette
propriété collective en propriété individuelle, mais, pour
que cette transformation pût se faire progressivement, on
voulut aller prudemment et isoler pendant l'expérience
les tribus qui en seraient l'objet. Transformation lente et
progressive de la propriété collective en propriété individuelle mise hors du commerce des terres qui ne sont pas
individuellement appropriées, telle est la double préoccu-
pation du sénatus-consulte.

Pour atteindre ce but on commençait, première opération, par délimiter les tribus. Quand, après cette délimitation, on avait réservé les terres du domaine privé ou
public de l'Etat, on portait, c'était la deuxième opération,
une atteinte irrémédiable à l'organisation patriarcale de
la tribu en la morcelant en douars-communes. Ceux-ci
acquéraient la personnalité civile ; on leur donnait un
organe, la djemmaa et un patrimoine, les parcours et les
bois communaux. Ces fragiles et artificielles personnes
administratives avaient en même temps et provisoirement
seulement, la garde des intérêts, collectifs croyait-on, de
ses membres. La troisième opération enfin, toujours
faite par l'administration, était le fractionnement de la
propriété collective en lots individuels. Bien entendu, les
parcelles melk déjà individualisées, demeuraient à leurs
propriétaires. Pendant tout le cours des opérations, le
territoire collectif demeurait inaliénable.

Le résultat était donc le suivant. L'indigène était définitivement soustrait à son ancien système féodal. La tribu,
dirigée par quelques puissants seigneurs, redoutable par
son organisation comme par le nombre de ses cavaliers,
était brisée. A sa place se trouvaient des douars-commu-

nes, administrés par des djemmaa's composées de créatures, gérant leurs domaines suivant les règles des biens communaux. Les propriétaires, enfin, se trouvaient investis de titres nouveaux, précis et authentiques, titres déclaratifs pour les melk, attributifs pour les arch, un décret du 13 décembre 1866 ayant décidé que les lots individuels attribués en terre arch, étaient insaisissables pour dettes antérieures à la délivrance des titres. Il est difficile de ne pas reconnaître au sénatus-consulte une très grande sagesse et une très grande mesure. Toutes les opérations devaient se faire au fur et à mesure que le besoin s'en ferait sentir et que les circonstances le permettraient. Mais il y avait des erreurs ; la principale était à la base même du système, il fallut, devant l'évidence des faits, abandonner l'hypothèse de la propriété collective et un grave inconvénient était la lenteur des opérations et l'inaliénabilité qui en résultait. On ne peut sans dangers, distraire quelques millions d'hectares de la circulation pour les isoler et les soumettre à un traitement administratif. La cruelle famine de 1867 devait souligner les effets de ces imprudentes illusions.

Les opérations furent menées avec la plus grande activité. Les deux commissions et deux sous-commissions qui, à l'origine, avaient été instituées dans chaque province, furent portées à quinze commissions, une par subdivision et vingt et une sous-commissions. Le sénatus-consulte est du 22 avril 1863 ; le 12 août le territoire des Hassen ben Ali (Médéah) fut soumis aux deux premières opérations, qui étaient achevées le 15 juin 1864. A la fin de 1864, 48.473 hectares étaient sénatus-consultés, et au 1er janvier 1868 ce chiffre atteignait 3.257.488 hectares. Lorsque, le 19 décembre 1870, les opérations furent in-

terrompues, elles avaient porté sur 6.883.811 hectares,
sur lequels habitaient 1.037.066 indigènes, répartis en
372 tribus. On avait réservé sur ce total 180.643 hectares
au domaine public et 1.003.072 au domaine privé ; c'était
le bilan de la première opération, délimitation du territoire des tribus et reconnaissance des droits de l'Etat.
Quant à la deuxième, on avait divisé ces 372 tribus
en 667 douars-communes, auxquels on avait attribué
1.336.492 hectares de parcours communaux ; 2.840.591
hectares avaient été reconnus melk et 1.523.013 arch. La
troisième opération enfin, constitution de la propriété
individuelle par le lotissement des terres arch et la délivrance des titres administratifs, ne put être réalisée que
dans le seul douar-commune de Tilmouni (Sidi-bel-
Abbès) sur une superficie de 7.355 hectares (Décr. du
30 avril 1870). Cette louable activité témoigne du vif désir
d'aboutir et de la foi que les artisans du sénatus-consulte
avaient en leur œuvre. Mais tout aussi convaincus étaient
les adversaires, dans les critiques qu'ils adressaient à la loi.
La colonisation reprochait d'abord au sénatus-consulte
d'avoir trop bien servi l'indigène, de lui avoir abandonné
sans raison plausible le droit éminent sur les terres arch.
Mais les plus vives critiques étaient dirigées contre l'inaliénabilité.

Est-il vrai que l'on se soit montré si follement généreux à
l'égard des indigènes ? Que leur donna-t-on exactement sur
ces 6.883.811 hectares sénatus-consultés ? Ce ne sont évidemment pas les 1.003.072 hectares attribués au domaine
privé de l'Etat, ni les 180.643 rangés dans le domaine
public. Restent donc 5.700.096 hectares, desquels il faut
encore défalquer les 2.840.591 hectares melk sur lesquels
l'Etat n'a jamais élevé de prétention. Des 2.653.505 hecta-

res restants, il faudrait encore retrancher les 1.523.013 hectares de terres collectives de culture ; d'après Worms lui-même, l'indigène ne peut en être dépossédé tant qu'il cultive et paie l'impôt. Il reste en dernier ressort les 1.336.492 hectares affectés aux terres collectives de parcours. Supposons qu'il n'y eut sur cette superficie aucun melk provenant d'une concession ou d'un achat, quels étaient les droits de l'État sur ces parcours? L'État ne pouvait que discuter avec la tribu les surfaces qui lui étaient réellement nécessaires et les restreindre au cas où il estimait que ces surfaces dépassaient leurs besoins et l'État français a renoncé en 1863 à cette discussion. En fin de compte, donc, les libéralités consenties par le sénatus-consulte, libéralités qui, d'après la colonisation, auraient été d'une folle prodigalité, se ramenaient à une double renonciation. D'abord, l'État renonçait au droit de propriété purement éminent, purement théorique et absolument improductif qu'il avait sur les terres collectives de culture. En l'abandonnant, il délivrait, sans qu'il lui en coûtât rien, le propriétaire indigène d'une tracasserie. L'État renonçait ensuite à discuter, c'est-à-dire à cantonner les 1.336.492 hectares de parcours, ce qui, en admettant la proportion d'un sixième, obtenue par les commissions de cantonnement, représentait un peu plus de 220.000 hectares, d'une fertilité douteuse et d'une utilité plus que contestable pour la colonisation. Si l'on tient compte alors qu'à l'époque le domaine exploitable de l'État était de plus de 4 millions d'hectares, dont 2.690.000, propres à la culture, soit cinq fois plus de terres qu'il n'en avait été concédé jusque-là, on reconnaîtra que cet abandon de 220.000 hectares, fait à plus d'un million d'habitants, n'était pas d'une si impardonnable légèreté. Mais si l'on veut bien ne pas oublier le trouble qu'avaient jeté dans l'esprit des indigènes les opérations de cantonnement, opérations injustes d'après Worms lui même, les excès des ordonnances et surtout le zèle intempestif des agents du domaine, on reconnaîtra, avec l'Empereur, qu'il était « indispensable pour le repos et la prospérité de l'Algérie, de consolider la propriété entre les mains de ceux qui le détenaient, » et d'éviter l'inquiétude et le mécontentement que Bugeaud et Charon, certes peu suspects de rêveries sentimentales, signalaient comme de graves dangers.

Le sénatus-consulte n'a donc pas donné aux indigènes beaucoup plus que ce qui leur revenait en droit, mais est-il vrai maintenant qu'en leur laissant leur propriété, on encourageait chez eux la paresse et l'insouciance et que sur leurs vastes espaces, ils ne pratiqueraient fatalement que l'élevage. En d'autres termes, si le cantonnement n'était pas du droit de la colonisation, n'était-il pas dans l'intérêt des Arabes ? Cet étrange paradoxe fut particulièrement en faveur au lendemain de la famine de 1867 ; il fut de mode de représenter le sénatus-consulté mourant de faim sur des superficies infinies, qu'il ne voulait ou ne savait mettre en valeur, alors que son frère cantonné, réduit à la portion congrue, vivait dans la prospérité. Le Dr Warnier, le grand avocat de la colonisation, l'apôtre de toutes ces théories et le propagateur de toutes ces erreurs, s'explique ainsi à ce sujet dans son rapport sur la loi du 26 juillet 1873 : « Plus du tiers de ces tribus sénatus-consultées vit sur une superficie moyenne, peu différente de celle dévolue à la colonisation ; de 1 à 4 hectares par tête. Un second tiers de 143 tribus dispose de 4 à 8 hectares par tête, un groupe de 87 tribus de 8 à 16 hectares, 30 tribus de 16 à 185 hectares. Il est de la dernière évidence que les quatre tribus dans lesquelles chaque famille de cinq personnes se trouve en présence de 500 ou 1.000 hectares à féconder sont fatalement condamnées à laisser leurs terres improductives. Il y a donc urgence à adopter des dispositions législatives qui permettent de faire emploi de ces terres. »

Il est exact qu'un tiers des tribus sénatus-consultées disposait de moins de 4 hectares par tête, mais il ne l'est pas que cette moyenne fût celle de la colonisation. C'est compter au nombre des colons tous les Français d'Algérie, en excluant seulement l'armée. Or, en 1870, tout comme maintenant, plus de la moitié de la population européenne habitait les villes, soit à titre de fonctionnaires, soit comme commerçants, industriels ou ouvriers. Des documents de l'enquête agricole du comte Le Hon, faite à cette époque, il résulte que la propriété européenne était en moyenne de 50 à 100 hectares, soit en admettant le chiffre moyen de cinq individus par famille, de 4 à 20 hectares par tête. D'après les chiffres fournis par le Dr Warnier lui-même, vingt tribus seulement sur plus de quatre cents sénatus-consultées, disposaient d'une moyenne de terres supérieure à celle de la colonisation, et onze d'entre elles auraient eu plus de 25 hectares par tête. C'est contre cette infime minorité de riches, que le député d'Alger demandait des lois somptuaires, mais des 142 tribus qui avaient moins de 4 hectares par tête et qui, par conséquent, étaient certainement dans la gêne et probablement dans la misère, il n'était soufflé mot (1).

(1) Les documents administratifs indiquent que les opérations du sénatus-consulte ne furent appliquées qu'à 372 tribus, le Dr Warnier en indique 402, soit une différence de 50. Or, on remarquera qu'il y a exactement 50 tribus dans les statistiques du Dr Warnier, dont la ri-

Voici détruite la légende des excessives et imprudentes libéralités du sénatus-consulte, reste le reproche d'avoir mis pendant de longues années hors du commerce les millions d'hectares sur lesquels portaient les opérations. Nous en avons par avance reconnu le bien-fondé, mais ce n'est pas au sénatus-consulte qu'il faut en attribuer la responsabilité. Les ordonnances de 1844 et de 1846 avaient frappé d'inaliénabilité une importante portion de terres melk, la loi de 1851 avait maintenu le principe, enfin la loi de 1873 elle-même, violente œuvre de réaction contre le sénatus-consulte, n'osa pas étendre aux terres arch la procédure de l'enquête partielle et maintint l'inaliénabilité en n'assurant pas la sécurité des transactions. Certes le sénatus-consulte fut une œuvre regrettable comme le furent toutes les entreprises générales, mal étudiées, auxquelles on soumit la propriété indigène, mais ce fut certainement la moins imparfaite de ces vastes enquêtes. Il a fallu tout l'aveuglement d'un parti qui voulait se voir lésé, pour y faire des objections qui ne résistent pas à un examen impartial.

Le 22 septembre 1887, un décret décida la reprise des deux premières opérations du sénatus-consulte (délimita-

chesse en terre est surprenante ; elles ont de 16 à 185 hectares par tête. N'y aurait-il pas une corrélation entre ces deux faits ? Il serait bien étonnant que, lorsqu'en 1870 la Défense Nationale suspendit les travaux, il n'y en avait pas qui fussent en cours. Il nous paraît infiniment probable que les 30 tribus insolemment riches, figurant dans les statistiques du député et non dans celles de l'administration, étaient celles où les travaux étaient en cours au moment de la suspension des opérations. On n'aurait retranché de leur territoire ni le domaine public, ni le domaine privé, ni les communaux ; on aurait simplement divisé la superficie totale des terres de la tribu par le nombre de ses habitants, et c'est ainsi que s'expliqueraient les immenses superficies dont ces tribus auraient été bénéficiaires.

tion des tribus, reconnaissance des terres et morcellement
en douars-communes) . Les instructions du 1ᵉʳ février
1888, pour la mise en œuvre de ce que l'on appela le nouveau sénatus-consulte, n'apportèrent que de très légères
modifications à celles de 1866. Jadis, il avait fallu 7 ans
pour sénatus-consulter 372 tribus et près de 7 millions
d'hectares ; on fit maintenant en 13 ans la moitié du travail, 224 tribus et 4 millions d'hectares (1). D'une manière
plus précise, on sénatus-consulta 224 tribus dont les
957.390 habitants occupaient 3.794.740 hectares. De ces
terres, on retrancha 682.989 hectares pour les affecter au
service forestier, 293.806 hectares qui allaient grossir le
domaine privé de l'Etat et 90.060 qui s'ajoutaient à son
domaine public. Ces 224 tribus furent morcelées en
349 douars-communes, auxquels on attribua 374.933 hectares de communaux et dans lesquels on reconnut
1.533.599 hectares melks et 770.356 hectares arch,
49.007 hectares demeuraient litigieux. Si l'on ajoute les
résultats obtenus avant 1870 à ceux qui l'ont été après
1887, on obtient les chiffres suivants : 596 tribus ont été di-
visées en 1.016 douars-communes, habités par 1.994.465 indigènes, occupant 10.678.554 hectares. Réserve faite des
49.007 hectares litigieux, ces terres se répartissent ainsi :
1.979.867 hectares au domaine privé de l'Etat, 270.693 hectares à son domaine public, 1.711.425 aux communaux,
4.374.190 hectares ont été classés melk, 2.293.369 arch. Les
opérations ont été terminées dans tout le Tell, en 1900 il
ne restait plus que 2 millions d'hectares à homologuer ;
en 1901 on homologua 304.884 hectares et dans quelques
années les 22 tribus, où cette homologation n'a pas eu lieu

(1) Il est vrai qu'on procéda aussi à la délivrance des titres.

encore, auront parfait le chiffre de 12.629.107 hectares
qui est officiellement celui de la superficie du Tell algérien.
(Décret du 20 février 1873.)

IV

Quand on parcourt les pages de l'enquête savante et
documentée que fit en 1868 le comte Le Hon pour noter les
besoins de l'Algérie agricole, il est un vœu que l'on retrouve dans les discours de tous les colons, tout aussi
pressant que celui des élections ; on demandait des terres.
Et ces terres, on ne les voulait plus de l'administration
qui avait atteint les derniers degrés de l'impopularité ;
jeune et impétueux, le pays ne voulait rien recevoir que
de lui-même, les colons entendaient choisir librement et
ne demandaient d'autre protection que la sécurité des
transactions. Or, les colons allaient être les maîtres. L'Algérie prenait place à l'Assemblée Nationale, après avoir
affirmé par des désordres honteux qu'elle n'entendait
plus se soumettre aux ordres d'un gouverneur ; elle réa-
lisa intégralement le programme que la colonisation ré-
clamait depuis plus de trente ans et auquel l'insurrection
de 1871, s'ajoutant aux impatiences longtemps contenues,
allait donner un surcroît de sévérité. Une nouvelle période s'ouvrait dans l'histoire de la législation foncière
algérienne ; la période d'organisation de la propriété individuelle indigène et non pas dans l'intérêt du propriétaire,
mais dans celui de son acquéreur. Cette nouvelle tâche
que l'on imposait au législateur était bien lourde. Les
incertitudes et les variations des procédures de reconnaissance du domaine allaient reparaître, mais avec des effets
bien plus désastreux. L'administration pouvait toujours

reconnaître son erreur, s'arrêter en chemin, modifier son action. Il suffisait d'un ordre. D'ordres, le colon n'avait pas à en recevoir et quand le champ fut ouvert, rien ne put arrêter l'essor des légitimes ambitions.

Depuis la conquête, rien n'avait été fait pour faciliter les acquisitions ; on les avait d'abord brutalement interdites et des vestiges de cette interdiction étaient demeurés dans les ordonnances, la loi de 1851 et le sénatus-consulte de 1863. Mais dans la partie même de l'Algérie où la pénétration était permise, la propriété indigène se présentait hérissée d'insurmontables difficultés, avec toutes les incertitudes sur la qualité du propriétaire et tout l'enchevêtrement des droits, que nous avons essayé de caractériser. C'est à peine si la loi de 1851 avait osé disposer que le habous ne pourrait être opposé à un acquéreur européen et que l'exercice du cheffaa, ce dangereux retrait, serait subordonné à l'appréciation des tribunaux. Quelques terres avaient été francisées ; les ordonnances avaient délivré des titres pour 300.000 hectares environ, 60.000 hectares avaient été l'objet de la même mesure après les opérations du cantonnement, enfin la troisième opération du sénatus-consulte, délivrance de titres aux détenteurs de lots individuels avait pu être effectuée sur un peu plus de 7.000 hectares ; mais en admettant même que par l'addition des actes notariés, la superficie des terres enregistrées sur titres français se fût élevée à un demi million d'hectares, la colonisation n'en bénéficiait guère. Par une inconcevable légèreté, en effet, la loi de 1851 disposait que les contrats entre musulmans continuaient à être régis par la loi musulmane et que les indigènes conservaient le bénéfice de leur statut personnel pour les transmissions successorales d'immeubles. D'où cette conséquence que les droits péniblement définis sur les titres délivrés, étaient replongés, quand ils tombaient entre les mains des indigènes, dans le chaos des indivisions ou des partages provisionnels, étaient rongés par les ralmia's et tsénia's, émiettés par les bizarreries de la loi successorale. Il suffisait d'une vie d'homme, d'une mort d'homme surtout, pour défaire le travail des commissions et pour transformer le plus clair des actes français en un agrégat difforme de prétentions musulmanes. Le législateur de 1873 voulut rompre définitivement avec ces errements et, pour y parvenir, il édicta une mesure radicale, l'assimilation de la propriété indigène à la propriété française ; en 1887, il compléta son œuvre.

Si l'on réunit ces deux lois du 26 juillet 1873 et du 23 avril 1887 qui se complètent l'une l'autre, sont inspirées par les mêmes idées, faites presque par les mêmes hommes et qui marquent l'apogée du parti de la colonisation, on y remarque le perpétuel souci de remédier au double inconvénient qui s'opposait à la libre pénétration de la propriété européenne. Il fallait d'abord asseoir la propriété indigène sur des bases nouvelles, délivrer à chaque propriétaire un titre clair, contenant un exact inventaire de ses droits. Puis, après avoir ainsi liquidé le passé et déterminé comme un nouveau point de départ à la propriété, il fallait, et ce fut l'œuvre la plus difficile en même temps que la plus originale, veiller à ce qu'une terre soumise au statut réel français, ne pût jamais plus retomber dans le statut réel musulman. Comme tout cela allait prendre du temps et comme on ne voulait pas mériter les critiques qui avaient accueilli le sénatus-consulte, on entreprenait une troisième tâche ; le colon impatient d'acquérir pourrait se faire le collaborateur de l'administration et provoquer la francisation des parcelles qu'il voulait acquérir, sans attendre que ces parcelles fissent l'objet d'une enquête générale.

Le premier objet, délivrance d'un titre nouveau à chaque propriétaire indigène, était celui que le sénatus-consulte avait voulu atteindre. Il suffisait donc d'en reprendre les traditions : délimiter les tribus, retrancher le domaine public ou privé de l'État, et après avoir fractionné le territoire restant en douars-communes auxquels on attribuait les communaux, reconnaître les melk et les arch et délivrer les titres. Le décret de 1887, qui prescrivait la reprise des opérations du sénatus-consulte modifia cependant légèrement les procédés. Ces modifications, qu'il est difficile de trouver heureuses, portaient sur trois points principaux. D'abord les opérations furent confiées à des commissaires au lieu d'être faites par des commissions. C'était donner une bien grande responsabilité à un seul homme et l'expérience n'a guère été satisfaisante. Puis, ces commissaires ne devaient « attribuer aux membres de la tribu que la surface dont chaque ayant droit avait la jouissance effective, le surplus appartenant au douar comme bien communal ou à l'État comme bien vacant ou en déshérence » ; les commissions, au contraire, avaient attribué aux tribus le sol dont elles avaient « la jouissance permanente et traditionnelle à quelque titre que ce fût ». L'effet de cette deuxième modification devait demeurer platonique, c'était une réaction contre la folle libéralité du sénatus-consulte, libéralité absolument imaginaire.

Enfin, la troisième différence, la plus importante et qui eût apporté le plus grand trouble si l'administration —

J. — 6

violant la loi — n'avait eu le bon sens de l'ignorer, supprimait la distinction des terres arch et des terres melk : les commissaires de 1873 devaient classer les terres en propriétés privées et propriétés collectives. Cette modification n'était pas un simple changement de nom comme feignaient de le croire les instructions du 1er février 1888 sur les opérations du sénatus-consulte, ce n'était pas une substitution « tendant à faire disparaître de notre langue deux mots dont on ne connaît pas la signification vraie et surtout la valeur juridique », comme le prétendit d'abord le Dr Warnier ; la propriété collective était indivise entre plusieurs familles, la jouissance indivise s'appliquât-elle à une terre melk pendant que la propriété privée, au contraire, était celle d'une seule famille. Cette distinction qui, si elle avait été appliquée, aurait eu pour principal et très déplorable effet de confondre le melk et l'arch qu'on avait eu tant de peine à distinguer, qui notamment eût porté devant les autorités administratives la connaissance des litiges relatifs aux melk indivis, mettait en outre le législateur dans la pénible nécessité de définir la famille. Le projet de loi déposé par le gouvernement y comprenait tous les successibles jusqu'au sixième degré inclusivement. Le Sénat rejeta cette définition, mais sans en proposer de nouvelle. La Chambre la définit « le groupe constitué par le majeur maître de ses droits avec les femmes et les incapables qui suivent sa fortune » (1).

(1) Nous empruntons aux «Documents de la Commission pour la protection de la propriété indigène », la curieuse liste suivante. Les notabilités administratives et judiciaires de l'Algérie n'ont pas trouvé moins de trente-trois définitions de la famille musulmane. La famille serait :
Les première et deuxième générations en ligne directe.

Mais le sénatus-consulte n'avait effectué que les opérations préliminaires à la constitution de la propriété individuelle. La loi de 1873 entendait parfaire l'œuvre et dé-

Tous ceux dont les droits successoraux seraient supérieurs à un tiers.

Le père, le fils, les filles.

Le père, le fils, les petits-fils et les cousins.

Le chef de famille, ses épouses, les enfants et les petits-enfants mineurs ou orphelins.

La femme et les enfants d'un même indigène.

La famille française.

Les membres proprement dits et les serviteurs permanents.

Le groupe formé par le majeur capable, ses femmes, les enfants et incapables qui suivent sa fortune.

Le père, la mère, les enfants.

Tous les indigènes d'un même douar portant le même nom patronymique.

Toute personne dont la nourriture incombe au chef de tente et qui habite avec lui.

Tous les ascendants et les descendants.

Tous les ascendants et les descendants, en outre les gendres et les brus.

Le père, la mère, les enfants, les frères célibataires du chef, les neveux, les orphelins en bas âge.

Le père, la mère, les enfants et les parents infirmes.

Le père, la mère, les enfants, les parents infirmes et les ascendants.

Tous les individus vivant sous la même tente et groupés autour du même chef, quel que soit le degré de parenté.

Tous ceux, à quelque degré qu'ils soient, qui auraient des droits sur la partie inaliénable.

Un ascendant et tous les descendants directs à l'exclusion des alliés.

Le père, la ou les mères, les enfants et les aïeux paternels ou maternels.

Tous les parents en ligne directe et collatérale jusqu'au troisième degré.

Tous les membres habitant la même mechta et vivant en commun.

Toutes les unités figurant à l'arbre généalogique jusqu'au premier degré.

Tous les membres portés sur l'arbre généalogique et qui en sont issus.

Tous les ascendants et descendants du premier degré.

Tous les descendants en ligne directe, la mère et les frères et sœurs

livrer les titres. On appliquait alors la distinction nouvelle entre la propriété privée et la propriété collective. Dans le premier cas, c'est-à-dire dans celui d'un melk appartenant à une seule famille, on constatait simplement la propriété ; les difficultés étaient du ressort des tribunaux judiciaires. Dans le second cas, c'est-à-dire quand la terre était un arch ou bien encore un melk dont plusieurs familles avaient la jouissance, on attribuait la propriété et c'étaient les autorités administratives, le commissaire en premier ressort, le Conseil de gouvernement en appel, qui prononçaient sur les litiges. Les deux catégories de propriétaires recevaient ensuite des titres de propriété établis par le service des domaines. Ainsi donc dans cette première œuvre, organisation de la propriété individuelle par la délivrance de nouveaux titres, la loi de 1873 ne faisait que reprendre le système d'enquêtes générales qui jusque-là n'avaient donné que de mauvais résultats. Après les ordonnances, le cantonnement, après le cantonnement, le sénatus-consulte ; chaque fois c'était l'Algérie entière qui devait être réorganisée et chaque fois on avait augmenté le chaos et été obligé d'abandonner l'entreprise, laissant

mineurs du chef de famille.

Celui qui paie l'impôt, son épouse, ses ascendants et descendants en ligne directe.

Tous les successibles jusqu'au sixième degré.

Sa composition résulterait des circonstances.

Le copropriétaire avec l'ensemble des personnes qui vivent avec lui et vis-à-vis desquels il est tenu du devoir d'assistance.

Le groupe vivant sur la même terre et des mêmes subsistances.

La famille telle qu'elle est définie par les coutumes.

Tous les héritiers, à tous les degrés, pourvu que la portion leur revenant à la succession leur assure un revenu fixé d'avance. La portion inférieure à ce minimum irait à la masse.

une seule tribu comme type du système et comme témoin
de son avortement. Il eût été sage de méditer ces exemples et la représentation algérienne surtout, qui avait
sous les yeux les déplorables effets de ces bouleversements
périodiques eût dû se montrer circonspecte. Il n'en fut
rien ; les théoriciens de la colonisation ne calculaient que
par millions d'hectares et leurs seuls efforts furent pour
des innovations malheureuses et mal étudiées.

Mais après avoir délivré les titres il fallait, et c'est ce
qui n'avait pas été tenté encore, en assurer la durée, la
conservation des qualités qui faisaient leur valeur, c'était
le second objet de la loi et pour le réaliser elle recourut à
un double moyen. Elle assurait d'abord la validité du titre
à sa naissance par l'institution d'une purge qui devait
définitivement liquider le passé ; elle assurait ensuite sa
perpétuité dans l'avenir par la théorie dite de la francisation, imaginée pour empêcher le titre français de
retomber dans le chaos du droit musulman. Quant à
la purge spéciale, les articles 3 et 18 de la loi portaient : que le nouveau titre délivré par l'administration serait le point de départ unique de la propriété « à
l'exclusion de tous droits réels antérieurs ». Ce texte très
clair paraissait exclure toute distinction : il n'en fut rien.
Ce nouveau titre, d'abord, n'était opposable qu'aux droits
de propriété et de copropriété, il ne purgeait pas les droits
réels accessoires qu'il suffisait de soumettre à une nouvelle
inscription. Mais surtout, la Cour de cassation en décida
ainsi le 13 novembre 1888 : opposable aux titres indigènes
antérieurs, il ne l'était pas aux titres français, administratifs, judiciaires ou notariés.

Le titre délivré ne marquait donc pas un nouveau point
de départ et les évictions étaient à redouter. On fut plus

heureux pour en assurer la perpétuité, mais qu'importait la perpétuité d'un titre vicié ? La terre qui avait été l'objet d'un titre public français (titres délivrés en exécution de la loi de 1873, des ordonnances, des opérations de cantonnement, titres administratifs de concessions, titres judiciaires et notariés, mais non les actes sous seing privé même transcrits), demeurait soumise à la loi française quel qu'en fût le propriétaire. C'était briser hardiment avec la tradition qui attribuait aux lois musulmanes la connaissance des contrats entre musulmans, même si ces contrats avaient un caractère immobilier. Dans l'esprit du législateur, la superficie du territoire francisé qui irait en s'augmentant toujours ne s'amoindrirait jamais. Une seule exception venait diminuer la portée de la théorie ; les indigènes conservaient leur statut successoral. Cette restriction, qu'il eût été difficile de ne pas admettre sans troubler profondément la société indigène, n'était pas sans avoir de graves conséquences. Qu'importait un titre clair et facilement négociable quand l'objet auquel il s'appliquait était difficile à préciser, par l'enchevêtrement des droits des cohéritiers.

Cette procédure d'enquêtes générales était nécessairement lente et ne pouvait être entreprise partout à la fois, c'étaient des lenteurs que l'on s'était surtout plaint sous le régime du sénatus-consulte. La loi de 1873, et ce fut son troisième objet, entendait remédier à ce vice. Le colon devint le collaborateur de l'administration ; à côté de la procédure des enquêtes générales apparut celle des enquêtes partielles autorisées, en terres melk seulement par la loi de 1873 et étendues aux terres arch par la loi de 1887. Cette procédure exclusivement réservée aux Européens désireux d'acquérir un immeuble indigène se caractérisait par un surcroît de solennités, dont on entourait la vente. Les autorités judiciaires ou administratives, suivant que la terre était melk ou arch, procédaient à une enquête, dressaient un rapport et, à la suite de ces interventions, l'acte passé, contrat de vente quand il s'agissait de terres melk, promesse de vente, accompagnée d'une requête en délivrance de titre quand il s'agissait de terres arch, ayant acquis l'authenticité d'un acte public opérait francisation de l'immeuble.

Les opérations d'enquête générale entreprises en 1876 dans les départements d'Alger et d'Oran, en 1878 seulement dans celui de Constantine, n'avançaient qu'avec la plus grande lenteur. En 1891, Burdeau estimait que l'opération ne serait pas terminée au xx° siècle et l'administration elle-même était effrayée de ces lenteurs. En 1893, les titres n'avaient été délivrés que sur 2.239.095 hectares sur lesquels habitaient 669.589 indigènes groupés en 167 tribus, fractionnées en 318 douars-communes. A ces chiffres, il faut ajouter une centaine de mille d'hectares qui avaient fait l'objet d'enquêtes partielles en exécution des lois de 1873 et de 1887. La colonisation ne tirait pas grand profit de ces mesures ; il est vrai que plus de deux millions d'hectares faisaient l'objet de titres francisés, mais si les détenteurs de ces titres étaient couverts contre les évictions du fait des détenteurs de titres indigènes, ils ne l'étaient pas contre celles du fait de détenteurs de titres français antérieurs. D'ailleurs, le défaut de publicité des droits réels accessoires tant arabes que français, et ils étaient nombreux dans un pays avide de crédit, donnait aux acquéreurs les appréhensions les plus fondées. On ripostera que cette clandestinité est inhérente au régime foncier français, mais encore

est-elle corrigée dans la métropole par l'expérience des
notaires. Ceux-ci, par leur longue habitude du pays, leurs
nombreuses minutes et la confiance dont ils jouissent peuvent aisément suppléer aux lacunes des registres d'hypo-
thèques. Mais en Algérie, le notaire ne jouit pas d'une
plus grande confiance que le demeurant des fonctionnaires,
et s'il essayait de la gagner en tentant de se rendre exactement compte de la situation immobilière de sa circonscription, l'étendue même de cette circonscription, l'hosti-
lité ou simplement la méfiance de l'indigène et surtout les
complications du système successoral musulman, seraient
pour lui autant d'obstacles.

V

Mais combien ces inconvénients paraissent-ils négligea-
bles quand on les compare à ceux qu'eurent les lois de
1873 et de 1887 pour les indigènes, inconvénients si douloureux qu'ils ont assuré à ces textes la plus triste des cé-
lébrités. C'était d'abord le trouble de nouvelles enquêtes
et de nouveaux allotissements qui excitaient une méfiance
d'autant plus justifiée que l'administration n'avait pas été
heureuse dans ses précédentes entreprises. En moins de
trente ans, ce peuple voyait passer les ordonnances, le cantonnement, le sénatus-consulte et la loi de 1873. Les conseils de prudence donnés par Bugeaud et Charon étaient
bien oubliés. Ce serait mal connaître l'âme du paysan et
surtout celle de ce paysan borné, que de méconnaître l'importance d'une pareille considération. A cela il faut joindre
les frais de l'opération qui, entreprise dans l'intérêt de la
population européenne, était exécutée grâce à des centimes additionnels exclusivement payés par les indigènes.

Le total de ces centimes a atteint une vingtaine de millions. Mais ce sont là des inconvénients inhérents à toute réforme et si l'on s'y arrêtait trop, il ne faudrait rien changer pour ne troubler personne et ne rien dépenser. L'exécution de la loi donnait lieu à de plus sérieuses critiques.

La tâche des commissaires était des plus lourdes, leur travail d'allotissement des arch devait être à la fois conforme aux lois et aux intérêts des populations, et tout en s'efforçant de donner à chacun la part exacte qui lui revenait, il importait de tenir compte dans une large mesure des transactions intervenues et d'homologuer ceux des partages provisionnels dont l'injustice n'était pas trop criante. C'est dire qu'on eût dû exiger de ces agents, en même temps qu'une très grande science, une très grande expérience et cette souplesse et ce tact qui permettent de donner aux lois l'interprétation conforme à leur texte et à leur esprit. Les commissaires eussent dû être l'élite de l'administration algérienne ; ils en furent les débris. Les premières opérations furent confiées à des anciens officiers de bureaux arabes, on leur donna quelques brèves instructions (21 juillet 1874, 1er juillet 1875) dont le principal mérite était de rétablir la distinction entre les arch et les melk que le législateur avait si étourdiment remplacée par la distinction entre la propriété privée et collective. Ce personnel était rompu aux affaires indigènes, mais il était insuffisant en nombre, manquait d'activité et surtout était suspect au domaine. L'arrêté du 6 mars 1883 les remplaça par un corps spécial de commissaires et d'inspecteurs-vérificateurs, recrutés au concours. Les examens étaient sévères, les traitements peu brillants (de 3.000 à 6.000 fr.) et l'avenir nul, puisque le propre de ce corps

était d'être temporaire. Les candidats furent en majorité
des géomètres du service topographique. Des géomètres,
opérant sous la direction d'anciens officiers, ne devaient
pas être particulièrement aptes à résoudre des questions
de propriété. On ne fit rien pour leur donner cette aptitude ; on rédigea à leur intention un manuel qui ressem-
blait à un guide de comptabilité. Consciencieux et méfiants, ils arrivaient dans les tribus, dressaient des arbres
généalogiques. dont l'auteur commun remontait à plusieurs générations, entendaient les observations qu'ils
consignaient impartialement sur leur registre, puis éta-
blissaient les droits de chacun, bien plus absorbés par
leurs calculs que par la réalité. Ils ne se souciaient que
de ce qui devait être, non de ce qui était.

C'est cette lourde machine théorique que l'on envoyait
dans les tribus (1). Dans nul pays ces procédés de comp-

(1) Sautayra et Robe, respectivement premier président et bâtonnier
à Alger, faisaient la vive peinture suivante de l'œuvre du commissaire
enquêteur en territoire indigène (*Projet de modification à apporter à la
loi du 26 juillet* 1873, Alger, 1882). « A partir du jour où le gouverneur général rend son arrêté d'exécution dans un douar déterminé, les
propriétaires de ce douar ne peuvent plus que difficilement vendre ou
hypothéquer ; leurs immeubles sont frappés de discrédit par le fait seul
des opérations annoncées et dont il est impossible de prévoir les résultats, et les rares transactions qui interviennent se passent à des conditions tellement onéreuses qu'elles amènent l'éviction du propriétaire
avant la délivrance des titres...

« Le commissaire enquêteur est chargé de réunir les documents jugés
nécessaires, de descendre sur les lieux, de prendre note des observations des parties, puis dans son cabinet, d'examiner les titres arabes
produits, de reconnaître ceux qui s'appliquent et ceux qui n'ont aucun
trait aux opérations en cours, de constater ceux qui sont valables et
ceux qui ne le sont pas, de dresser des arbres généalogiques, de faire les
calculs si compliqués des successions musulmanes et d'attribuer enfin
la part revenant à chaque ayant droit. Nous comprenons que ce fonctionnaire agissant seul, en l'absence de toute contradiction, de toute

tables ne pouvaient mieux troubler la propriété qu'en Algérie. Les morcellements étaient infinis. Quelle n'était pas la vanité de ces opérations minutieuses ! Elles attribuaient quelquefois des parts dont la valeur ne dépassait pas, aux dires d'un directeur des domaines, 30, 40 ou 50 centimes, et M. Pouyanne en a vu de si petites que leur possesseur n'avait pas de quoi y poser son pied ? S'imagine-t-on, ces exemples sont empruntés à l'exposé des motifs de la loi de 1887, 8 parcelles d'une contenance totale de 51 hectares, 99 ares, 90 centiares appartenant à 48 propriétaires indivis dont le plus favorisé avait $\frac{544.320}{6.531.810}$ et le moins $\frac{30.240}{653.840}$. Sur une propriété de 135 hectares, 97 ares, 70 centiares, on avait pu compter 310 copropriétaires dont le plus riche avait 0 H. 066.704 et le plus pauvre 0 H. 000.099. Il n'y a même pas de mesure pour de si petites superficies, et pour éviter de si ridicules

action des personnes compétentes et n'ayant à sa disposition que des titres incomplets ou des preuves insuffisantes, hésite à formuler ses conclusions, qu'il reprenne souvent le travail commencé et ne le livre qu'après avoir passé un long temps pour lui donner l'exactitude désirable. La loi, du reste, reconnaît elle-même que ce travail ne présente pas une grande garantie puisqu'elle en ordonne le dépôt, qu'elle appelle les parties à contredire, qu'elle impose une seconde descente sur les lieux, de nouvelles conclusions, qu'elle fait ensuite contrôler le tout avant de délivrer des titres provisoires, lesquels peuvent encore être contestés avant de devenir définitifs. Et comme le commissaire-enquêteur a une charge écrasante dont il est impossible de prévoir à l'avance les difficultés, aucun délai ne saurait lui être imposé. Il n'a point de délai pour recueillir les documents, point de délai pour rendre son ordonnance, aller sur les lieux et entendre les parties, point de délai pour son travail de cabinet et pour le dépôt de ses conclusions, point de délai pour le deuxième transport et, par des motifs analogues, il n'y a pas de délai non plus pour les opérations de contrôle, pour la délivrance des titres et leur transcription. »

partages, la loi de 1887 ne trouvait d'autre remède que la recommandation de renoncer aux arbres généalogiques toutes les fois que l'immeuble pouvait être commodément partagé entre les ayants droit. Aux calculs isolés on substituait les calculs groupés, mais on calculait toujours en fermant les yeux à la réalité. Ces opérations avaient si peu d'utilité aux yeux des indigènes que le plus souvent ils procédaient à de nouveaux partages ou se réunissaient en nouvelles indivisions, dès que le commissaire était passé.

Si ces opérations de francisation que l'indigène payait fort cher se fussent bornées à ne lui rien rapporter, le mal eût été bénin. Il était plus profond que la perturbation momentanée causée par le passage du commissaire. En précisant des droits si infimes, on encourageait l'indigène à s'en défaire. Avant le passage du commissaire, il ignorait peut-être sa qualité de copropriétaire, il ne pouvait, en tout cas, songer à céder ses droits à d'autres que ses copropriétaires puisqu'il n'eût pas été en état de les préciser ; il eût donc volontiers abandonné ses prétentions au profit de celui qui mettait en valeur. Il allait en être autrement ; le titre qu'il avait était négociable, il ne le garderait pas puisqu'il ne songeait pas à labourer, s'en défaire contre une rente annuelle ou une part dans la récolte n'était pas d'une agréable perspective pour un homme toujours à court d'argent. Il le céderait donc contre un capital, si petit fût-il, mais qui, pour un instant, lui procurerait l'illusion de la richesse. Or, ce capital, qui pouvait mieux le lui payer que le colon, infiniment plus fortuné et plus honnête aussi en affaires que tous les membres de la tribu ? Ce dépouillement, volontaire mais irréfléchi, fut la première des néfastes conséquences de la loi de 1873. En peu d'années les ventes sextuplèrent. De 1863 à 1871, le docteur Warnier relève 52.005 hectares vendus par les indigènes, soit 5.734 hectares en moyenne (minimum 123 hectares en 1863, maximum 28.183 hectares en 1868). Immédiatement après le vote de la loi de 1873, pendant la période 1877-1881, la moyenne s'élève à 23.187 hectares par an (minimum 11.288 hectares en 1878 maximum 54.184 hectares en 1881), on vendait en une seule année plus de la moitié des terres vendues en neuf ans auparavant et dans la période quinquennale suivante, 1881-1885, la moyenne annuelle s'élevait à 33.947 hectares (minimum 21.557 hectares en 1886, maximum 64.375 hectares en 1883), chiffre six fois plus fort que la moyenne 1863-1871. On vit des tribus entières rivaliser de zèle pour se défaire de leurs terres, dépenser le prix de vente en débauches, puis s'apercevant trop tard de leur coupable légèreté, importuner les pouvoirs publics de leurs lamentations, n'ayant même pas le courage de leur responsabilité et accusant lâchement la fatalité. Il est aisé de répondre qu'elles ne supportaient que les conséquences de leur propre imprudence, mais eussent-elles agi ainsi si elles n'avaient été tentées ?

Si toutefois on estime que ceux-là sont les artisans de leur propre malheur et qu'il est juste qu'après avoir payé pour des opérations qui ne leur procuraient aucun bénéfice ils aient supporté les conséquences d'un état de choses qu'ils n'avaient pas désiré, il est plus difficile d'attribuer la même responsabilité aux victimes des licitations. Grâce à la loi de 1873, en effet, la spéculation pénétrait dans les tribus. Il était facile de trouver un copropriétaire disposé à céder son droit, mais à défaut il était aisé d'exécuter un débiteur dont on prendrait la place et au nom duquel on provoquerait ensuite la licitation. Les frais de ces procédures étaient énormes par suite du nombre des copropriétaires et de leur éloignement, de leur ignorance aussi qui multipliait les jugements par défaut. Le prix d'adjudication en était diminué d'autant et la spoliation n'en était que plus douloureuse. L'indigène préférait se laisser exproprier que plaider. Les exemples ne sont ici que trop éloquents ; c'est le professeur Dain qui signale des licitations où 100, 200, 441 ayants droit ont entraîné des frais de procédure s'élevant à 5.000, 6.000, 12.000 francs, ou encore M. Franck Chauveau, qui dénonce au Sénat un défenseur provoquant une licitation d'une propriété de 292 hectares achetée 80 fr., les frais s'élevant à 11.000 francs. Mais nul exemple n'est plus probant que celui rapporté dans la brochure de M. Marchal et dont M. Gérente s'est fait l'écho au Sénat ; c'est la liste des licitations faites en dix ans à la barre du tribunal d'Orléansville (1).

(1) Le tribunal d'Orléansville a été créé en juillet 1880 ; en moins de dix ans on y a licité plus de 14.000 hectares expropriant ainsi plus de 12.000 personnes.

Année de la licitation	Superficie licitée Hectares	Prix d'adjudication Francs	Frais Francs
1881	80	5.307	1.375
1883	27	800	703
1883	66	250	1.450
1883	81	3.000	3.000
1885	64	900	3.675
1885	35	630	2.000
1885	905	10.350	7.920
1885	120	000	1.197
1885	270	13.705	3.160
1885	51	525	
1885	30	50	
1885	20	125	
1886	145	2.025	8.020

La loi de 1887 avait bien institué une procédure spéciale ; les licités pouvaient notamment prendre un seul défenseur, mais on n'avait guère usé de cette faveur.

Voici, d'ailleurs, les statistiques des ventes judiciaires effectuées en Algérie de 1870 à 1896 :

1re Période : de 1870 à 1874, c'est-à-dire avant l'exécution de la loi de 1873 qui n'a reçu son application qu'en 1876.

Ventes judiciaires : 326 en moyenne (maximum : 375, en 1873 — minimum : 186, en 1871). Frais : 691 francs en moyenne (maximum : 803, en 1873 — minimum : 641,

1886	100	2.275	9.043
1886	66	1.025	
1886	240	345	14.212
1886	7	35	500
1886	77	125	1.280
1886	600	2.640	10.433
1887	150	2.700	5.851
1887	24	150	809
1887	215	295	3.081
1887	350	6.675	3.406
1887	105	3.350	2.764
1887	357	1.300	6.001
1887	30	405	1.145
1887	120	525	1.127
1889	14	775	1.492
1889	52	1.050	1.186
1889	64	2.425	683
1889	89	1.225	819
1890	5	75	300
1890	692	19.725	1.783
1890	476	13.500	1.647
1890	20	525	223
1890	46	125	497
1890	212	1.350	400
1890	100	250	409
1890	22	225	452
1890	212	10.000	700
1890	120	205	970

en 1871). Licitations : 118 en moyenne (maximum ; 152,
en 1873 — minimum : 68, en 1871). Saisies immobilières :
166 en moyenne (maximum : 204, en 1872 — minimum :
82, en 1871).

2ª Période : de 1874 à 1879 ; la loi de 1873 dont l'exécution à commencé en 1876 fait sentir son influence.

Ventes judiciaires : 371 en moyenne (maximum : 406,
en 1879 — minimum : 343, en 1875). Frais : 802 francs en
moyenne (maximum : 912 ; en 1879 — minimum : 720,
en 1876). Licitations : 150 en moyenne (maximum : 170,
en 1879 — minimum : 125, en 1875). Saisies immobilières : 188, en moyenne (maximum : 204, en 1879 —
minimum : 182, en 1877).

3ᵉ Période : de 1880 à 1884 ; la loi de 1873 à son plein
effet.

Ventes judiciaires : 604 en moyenne (maximum : 840,
en 1884 — minimum : 408, en 1881). Frais : 982 francs en
moyenne (maximum : 1084, en 1883 — minimum : 875,
en 1880). Licitations : 241 en moyenne (maximum : 304,
en 1884 — minimum : 168, en 1881). Saisies immobilières :
320 en moyenne (maximum : 486, en 1884 — minimum :
196, en 1880).

4ᵉ Période: de 1885-1889, c'est l'apogée de la colonisation.

Ventes judiciaires : 1.087 en moyenne (maximum :
1.155, en 1889 — minimum : 941, en 1885). Frais : 934
francs en moyenne (maximum : 1.066, en 1885 — minimum : 929, en 1889). Licitations : 343 en moyenne
(maximum : 396, en 1886 — minimum : 300, en 1889).
Saisies immobilières : 677 en moyenne (maximum 777,
en 1889 — minimum : 538, en 1885).

Bilan : Depuis 1874 les ventes judiciaires ont triplé ; les
frais se sont accru d'un tiers ; les licitations ont triplé ;
les saisies immobilières ont quadruplé.

5° Période : de 1890 à 1895. Mais le législateur veillait. Déjà les chiffres de 1889 étaient inférieurs à ceux de 1886. La loi de 1887, qui s'était proposé de réagir contre les abus des licitations, a fait sentir son effet. Les chiffres de la période 1890-1895 accusent le mouvement de baisse.

Ventes judiciaires : 1022 en moyenne (maximum : 1196, en 1890 — minimum : 910, en 1893). Frais : 894 fr. en moyenne (maximum : 992, en 1890 — minimum : 842 en 1895). Licitations : 321 en moyenne (maximum : 360, en 1890 — minimum : 279, en 1892). Saisies immobilières : 640 en moyenne (maximum : 765, en 1890 — minimum : 540, en 1893).

De si graves conséquences finirent par alarmer les esprits. En Algérie, des protestations s'élevèrent. L'École de droit d'Alger, qui a toujours si heureusement contribué à l'œuvre de législation algérienne et aux lumières de laquelle il est regrettable de ne pas voir faire plus souvent appel, plaidait les réformes par l'organe de deux de ses plus éminents maîtres : les professeurs Dain et Colin. M. Franck-Chauveau apporta au Sénat un lumineux exposé des imperfections des lois de 1873 et de 1887 ; le 16 février 1897 enfin, le Parlement votait une loi, la première qui, sans vouloir tout réorganiser, apportait un remède d'autant plus effectif qu'il était plus discret. Cette loi parait d'abord aux défauts les plus manifestes de la législation existante. Elle supprimait la procédure d'enquête générale qu'elle ne maintenait que pour des hypothèses exceptionnelles, justifiées par les besoins du pays. Elle rétablissait en même temps la traditionnelle distinction entre les terres melk et arch, à laquelle elle donnait une nouvelle force en les soumettant à des juridictions d'ordre différent. Elle donnait enfin aux titres administratifs délivrés en exécution de la loi de 1873 une nouvelle valeur, d'abord en y faisant figurer les droits réels accessoires, clandestins jusque-là, puis en les déclarant opposables à tous les autres titres, même les titres français, si dans un délai de six mois leurs détenteurs ne les avaient pas produits. Cette œuvre de restauration accomplie, la nouvelle loi servait à la fois les intérêts des colons en simplifiant la procédure des enquêtes partielles et ceux des indigènes en restreignant l'abus des licitations. En ne servant aucun parti, elle servait effectivement la cause de l'Algérie.

Quant aux enquêtes partielles dont la loi de 1873 avait réservé l'exercice aux européens seulement, elles furent accessibles à tous les propriétaires, sans distinction de nationalité ou d'origine. Les enquêtes devaient avoir lieu avec la même facilité en territoire arch qu'en territoire melk, avec la seule différence qu'elle était administrative ou judiciaire suivant les cas. L'administration algérienne mit longtemps à reconnaître cette égale facilité de pénétration. Les instructions de 1898 refusaient en effet d'ouvrir des enquêtes partielles en territoire arch à la requête d'acquéreurs, ce droit n'étant réservé qu'aux indigènes propriétaires et, d'après ce même document, on n'admettait pas dans une même enquête la réunion d'immeubles appartenant divisément à des personnes différentes. Les Délégations financières, qui s'étaient vivement élevées contre cette interprétation restrictive d'un texte libéral, eurent la satisfaction de voir le Conseil d'Etat se ranger à leur opinion (avis du 13 mars 1902), et le 17 mai 1902 une nouvelle instruction modifiait sur ce double point l'instruction de 1898.

Pour s'opposer au flot toujours montant des licitations, la

loi du 16 février 1897 rétablissait un retrait que les tribunaux peuvent exceptionnellement exercer. Si l'immeuble menacé de licitation est un immeuble rural appartenant pour moitié au moins à des musulmans, les tribunaux peuvent partager l'immeuble entre la famille du copropriétaire demandeur à la licitation et les autres copropriétaires défendeurs. Les membres de la famille du demandeur peuvent alors exercer le cheffaa ; s'ils ne le font pas ils seront victimes de la licitation qu'ils n'ont pas su éviter, mais en aucun cas les copropriétaires étrangers ne sont lésés. Pour limiter les frais, la loi de 1897 autorise les cadis, dans les circonscriptions qui seraient déterminées par le gouverneur général, à passer les actes réservés avant aux greffiers-notaires, ou passés par le ministère plus coûteux encore des agents d'affaires.

Il semble que cette dernière loi ait été satisfaisante. La colonisation a continué sans encombre son expansion ; de 1897 à 1901, 1.174 enquêtes partielles ont francisé 38.105 hectares, sans pour cela troubler la propriété indigène. « Il ne semble pas, dit dans son rapport, très optimiste d'ailleurs, le président de la Commission de protection de la propriété indigène, que la loi du 16 février 1897 soit allée trop loin en permettant à tout possesseur ou prétendant droit à la possession des terres arch ou sabega, de requérir l'ouverture d'une enquête partielle devant lui permettre, s'il est reconnu propriétaire, de disposer de son immeuble dans les conditions du droit commun. » L'article 17 de la loi du 16 février 1897 qui réorganisa le retrait semble, d'après les documents de l'enquête avoir produit de très bons résultats. « La commission cependant reconnaît qu'il y a lieu de le modifier de telle façon qu'en aucun cas la licitation ne s'impose contre le gré de la majorité des propriétaires. » Pour cela, il suffirait de calculer cette majorité non plus en tenant compte du nombre des ayants droit, mais bien de l'importance de leurs parts. Enfin, « afin d'éviter de heurter les habitudes acquises et qu'on pourrait contrarier sans profit pour la colonisation, la majorité de la commission a pensé qu'il convenait de laisser les indigènes juges du moment où leurs immeubles doivent entrer sous l'empire de la loi française et bénéficier des dispositions de cette loi ». C'est la dernière condamnation des enquêtes générales.

Pratiquement, les longs efforts pour franciser la propriété indigène se traduisent par les chiffres suivants :

Superficie totale du Tell algérien : 12.629.107 hectares.

1° Territoires francisés par application des ordonnances : 300.000 hectares;

2° Territoires francisés par application des opérations du cantonnement : 60.000 hectares ;

3° Territoires où ont été délivrés des titres de propriété individuels par application de l'ancien sénatus-consulte : 7.385 hectares ;

4° Territoires francisés par application des procédures d'ensemble de la loi de 1873 : 2.239.095 hectares ;

5° Territoires melk soumis à l'enquête partielle (Titre III de la loi de 1873) : 103.745 hectares ;

6° Territoires arch soumis à l'enquête partielle (Loi de 1887, art. 7 à 10) : 23.755 hectares ;

7° Territoires melk ou arch soumis à l'enquête partielle de la loi de 1897 (de 1897 à 1901) : 38.105 hectares.

Total des territoires francisés par actes administratifs (chiffre approximatif) : 2.772.066 hectares.

Ajoutons à cela les titres provenant de concessions administratives ou d'actes notariés ou judiciaires qui, d'après

M. Laynaud, directeur des domaines, s'appliqueraient à moins de 2 millions d'hectares, et environ 6 millions et demi d'hectares appartenant au domaine public, privé ou forestier de l'État, ainsi qu'au domaine privé des communes et nous obtiendrons un total qui dépasse 11 millions d'hectares. L'œuvre de francisation est donc terminée à peu de chose près et la procédure des enquêtes partielles, secondée par le libre jeu des contrats, suffira à combler les lacunes encore existantes.

Mais à quel prix ce résultat a-t-il été obtenu ?

Ce qui importe, ce qui a fait le mal ce ne sont pas les abus individuels ; ceux-ci ont été rares et l'œuvre offre trop de prise à la critique pour qu'il soit besoin de s'arrêter à des détails. Mais que l'on imagine d'abord d'excessives mesures de vérification, une chambre ardente pour la propriété, les ordonnances ; quatre ans après des atténuations à ces sévérités par des transactions et des concessions. Qu'au moment même de cette conciliation, on mette en campagne tout un corps de fonctionnaires zélés, dangereux par ce zèle, plus encore que par leur ignorance, qui opèrent les cantonnements. Que dix ans après intervienne une solennelle déclaration d'un empereur pour condamner énergiquement ces pratiques. Mais à peine ces paroles impériales auront reçu un commencement d'exécution que les récriminations de la colonisation les couvriront. L'indigène assiste au triomphe des colons ; les décisions impériales sont condamnées et on délivre aux propriétaires des titres qui sont des provocations à la vente. Tout cela accompagné de beaucoup de maladresses et de vexations et tout cela en moins de cinquante ans. En soumettant à ces tribulations le plus patriote et le plus éclairé de nos paysans de France, on parviendra à le faire douter de ses droits. Ce

qui fait le paysan, son courage, sa foi, son âpreté, c'est la
sécurité de son bien. Cette terre à laquelle chaque année
il donne de son travail et de son argent, qui a ses caprices,
qui tantôt lui rend au décuple ce qu'il lui a confié et
tantôt lui donne juste de quoi ne pas mourir de faim, cette
terre il l'aime, il la fait sienne parce qu'il la sait toujours
là. Son âme primitive, naturellement optimiste, puise
son énergie dans la perpétuelle présence et dans la constante immobilité de la bonne mère, qui a nourri son grand-
père et son père et qui le nourrira bien lui aussi. On ne
peut calculer ce que toutes ces réformes mort-nées, toutes
ces gigantesques tentatives, suivies d'aveux d'impuissance ont coûté à l'indigène : le pourrait-on, que jamais
on n'évaluera l'arrêt causé dans le progrès de ce paysan,
devenu à bon droit inquiet et méfiant et qui continue à
cultiver hâtivement, furtivement, suivant ses anciens
errements, parce qu'il craint les recors, comme avant
il craignait les janissaires.

APPENDICE.

Il est dans le domaine de l'Etat un groupe de terres
particulièrement intéressantes ; ce sont les terres forestières. Sur les 3 millions d'hectares de forêts que compte
l'Algérie, l'Etat en possède plus de 2 millions et demi,
le surplus est pour la majeure partie aux particuliers ;
77.000 hectares seulement sont aux communes. Plus de
la moitié des forêts domaniales, 1.375.000 hectares environ sont grevés de droits d'usage au profit des indigènes
qui sont au nombre d'un demi million environ.

En dix ans, une remarquable évolution s'est faite dans
le régime forestier et la date qui en marque le point de
départ, l'année 1893, n'est ni celle d'une loi, d'un décret

ou d'un arrêté, car le régime législatif est demeuré ; c'est
celle d'un discours. C'est faire du chef-d'œuvre d'éloquence qu'est le rapport de Jules Ferry, le plus bel éloge
que de pouvoir enregistrer cette constatation. Nul n'a
mieux fait revivre que ce grand patriote et ce grand colo-
nisateur, et avec de plus saisissantes couleurs, les abus du
régime forestier, les causes de ces abus et le moyen de les
faire cesser. Il le montra appliquant à des immensités mal
définies, dont le boisement hypothétique n'était souvent
qu'une présomption légale, un Code rigoureux, heurtant
des traditions plusieurs fois séculaires, interprété par des
agents dont la trop grande science manquait de tact, appliqué par des préposés que leur recrutement imparfait et
leurs pouvoirs exercés sans contrôle rendaient détestables.
Mais surtout il sut stigmatiser l'autonomie de cette administration forestière qui, non seulement était indépendante du pouvoir local et par conséquent toujours en
conflit avec lui, mais qui n'avait même pas de direction à
Alger et qui offrait ainsi le rare spectacle de la diversité
et de la contradiction entre les conservations ou les tria-
ges, d'un même pays.

Au début, l'administration algérienne s'était montrée
d'une bienveillance éclairée et paternelle ; elle prescrivait
(Circulaire ministérielle du 5 juin 1860), « l'éducation forestière des Arabes... de leur apprendre ce qui leur est
permis et ce qui leur est défendu, de leur faire comprendre que les exploitations désordonnées conduisant fatalement au dépeuplement du sol forestier, auraient eu pour
résultat inévitable l'amoindrissement de la valeur des
droits d'usage qui leur sont attribués et qu'ils sont ainsi
directement intéressés à rompre avec les errements du
passé »; elle ajoutait sagement que « ce n'est qu'après

cette sorte d'instruction que peuvent venir les procès verbaux et encore est-il indispensable de les faire précéder d'avertissements officieux et de conseils bienveillants, la répression ne devant atteindre que les délinquants qui se montreraient récalcitrants ». Cette circulaire qui serait à citer tout entière et où l'on fait preuve d'un si heureux esprit de conciliation, se termine ainsi : « Je suis convaincu que nous parviendrons ainsi en peu de temps à faire accepter franchement par les Arabes ce qu'ils ont considéré jusqu'à présent comme des vexations gratuites. En résumé, par cela même que je tiens à préserver et à développer les richesses forestières de l'Algérie, je crois qu'il faut se garder de rigueurs prématurées, qui n'amèneraient que des embarras, je désire donc qu'aux exigences des règles trop inflexibles pour un peuple chez lequel elles n'ont jamais existé, l'on substitue les bons procédés, la persuasion, que la sévérité n'arrive que graduellement et ne frappe pas indistinctement l'ignorance et la mauvaise volonté, qu'enfin l'Arabe trouve dans les avantages du nouveau régime et la douceur avec laquelle on les lui fera comprendre un lien qui le rattache au progrès dont nous devons poursuivre la réalisation. » Ces sages conseils ne sont pas isolés et à tout propos on les développe ; on les retrouve dans les circulaires des 26 avril et 12 mai 1865 sur les enclaves en forêt. Le gouverneur général insiste sur la nécessité de concilier les intérêts des indigènes avec les légitimes exigences du service forestier. L'Empereur, enfin, dans sa lettre au maréchal de Mac-Mahon, gouverneur général de l'Algérie, se fait leur éloquent interprète (1).

(1) « Toutefois il paraît essentiel, dans un pays où le contrôle de l'État en pareille matière constitue une véritable innovation, d'apporter dans l'exécution des règlements forestiers une modération et une pru-

Après trente ans d'oubli on devait revenir à ces principes. A l'époque on ne faisait d'ailleurs pas preuve d'une maladive sentimentalité ; des concessions de chênes-lièges étaient accordées à de grands propriétaires, et les circulaires du 20 juillet 1864, du 8 mars 1866, celle surtout du 24 juillet 1869, organisant temporairement la répression par la responsabilité collective, prouvent assez que, tout en se montrant bienveillant, l'Etat entendait sauvegarder énergiquement ses droits. Mais il devait se passer pour le régime forestier ce qui s'était passé pour le régime agraire. La colonisation estima que toute mesure de bienveillance était une mesure de faiblesse, qu'il n'y avait qu'un procédé de réussite certaine en politique indigène : la force. Des incendies avaient désolé en 1865 la région de Bône ; c'était, disait-on, la réponse des indigènes aux libéralités du sénatus-consulte ; leur insolent orgueil croyait notre chute proche. Les théoriciens du parti furent les plus impitoyables ; jamais les concessionnaires n'ont réclamé de si radicales mesures que les publicistes ou politiciens des villes. C'étaient ceux qui souffraient le plus des méfaits des indigènes qui faisaient preuve de moins de parti pris. Comme pour les terres, la réaction fut violente, et quand

dence propres à concilier les exigences administratives et les intérêts de l'Etat avec les droits acquis et les usages consacrés par les traditions locales... Les besoins d'une sage politique et l'intérêt même de notre domination exigent encore que le service forestier n'étende point prématurément son action et qu'il se dépouille de ses façons trop rudes qui sèment des rancunes et créent de sérieux obstacles à l'établissement progressif de son autorité. Il est plus profitable de prévenir les délits par les conseils bienveillants et par les persuasions que de les réprimer par des moyens rigoureux. Il paraît donc opportun d'entrer largement dans cette voie en empêchant surtout les agents inférieurs de cette administration de déployer un zèle intempestif et dangereux. »

Il n'y eut plus à Alger une administration algérienne suffisamment forte pour tenir égaux les plateaux de la balance, quand le gouverneur général de l'Algérie fut, suivant la rude expression de Jules Ferry, le « roi fainéant du palais d'hiver », d'excessives mesures furent prises, soit-disant pour arrêter la destruction des forêts ; en réalité pour la hâter.

Une première loi, du 17 juillet 1874, véritable loi de circonstance, relative « aux mesures à prendre en vue de prévenir les incendies dans les régions boisées de l'Algérie », renouvelait avec plus d'énergie encore les prescriptions du Code forestier, interdisait le pacage des animaux dans les territoires incendiés, même si l'incendie n'était pas le fait des populations ; elle maintenait la responsabilité collective. Le monument législatif en la matière fut la loi du 9 décembre 1885, « relative à l'aménagement et au rachat du droit d'usage dans les forêts de l'Algérie, aux exploitations et abus de jouissance dans les bois particuliers, à la police des forêts et au reboisement ». On s'y proposait un triple but ; d'abord l'exclusion systématique des troupeaux dans celles des forêts qui n'étaient pas grevées de droits d'usage ; puis, le rachat de ces droits d'usage dans les forêts grevées pour généraliser l'exclusion ; enfin, empêcher l'approche de la forêt en soumettant au régime forestier les broussailles, voisines des boisements. Pratiquement, c'était la condamnation à mort d'un demi-million d'indigènes qui labouraient dans quelques parcelles situées autour des forêts et vivaient des produits de leurs troupeaux. Les agents forestiers devenaient des gendarmes. Mais la loi de 1885 marquait l'apogée de la colonisation. Le texte ne put être appliqué. La colonisation échouait avec ses mesures rigoureuses, comme elle avait échoué en matière

agraire. Les populations étaient réduites au dernier degré
de la misère et l'exaspération était à son comble. Des troupes de malheureux, d'une effrayante maigreur, escortaient
les voitures de la délégation sénatoriale lors de sa tournée
dans les régions forestières ; les pouvoirs locaux s'alar-
maient (1) mais les forêts flambaient plus que jamais. En
1873, les incendies dévastaient en moyenne 20.000 hectares
par an ; de 1875 à 1880, c'est-à-dire après la première loi
de répression, la moyenne s'élève à 24.000 hectares ; de
1881 à 1886, à 41.000 ; de 1887 à 1892, quand la deuxième
loi de répression eût eu son plein effet, la moyenne s'élevait à 48.000 hectares. en 1893 on atteignit 47.756 hectares et 100.889 en 1894.

Enfin Jules Ferry vint (2). L'administration faisait
elle-même son *mea culpa*. (*Exposé de la situation générale
de l'Algérie en* 1897, p. 339). Après avoir constaté « qu'il
« fallait user de beaucoup de ménagement pour habituer
peu à peu les populations arabes à respecter les forêts de
l'Etat, dont précédemment elles usaient et abusaient à
leur gré », elle reconnaissait que les nombreux incendies
qui avaient marqué les années précédentes étaient dues à
ce que l'administration « voulut supprimer brusquement
cette période de transaction ». Le rapport est muet sur
bien des abus signalés par Ferry. Mais il reconnaissait
aussi « que les opérations de délimitation n'avaient pas
toujours été faites avec tout le soin désirable et que des
propriétés privées, des terres de labour, des vergers, des
olivettes, des plantations de figuiers et autres arbres fruitiers et même des habitations ont été parfois englobées

(1) Voy. H. Pensa, *l'Algérie*, Paris, 1894.
(2) On trouvera le rapport de Ferry sur les forêts algériennes à la fin
de ce chapitre.

dans les limites de la forêt ». L'administration se déclarait animée des meilleures intentions. « Il y a là une œuvre de réparation commencée et qui sera poursuivie avec un esprit de justice et d'équité, sans s'occuper d'autres considérations. » Ce sont ces mesures espacées dans les derniers dix ans qui constituent la nouvelle période dans l'évolution du régime forestier et qu'il convient maintenant d'indiquer.

La première tâche qui devait solliciter l'attention de l'administration était l'œuvre de délimitation. L'Algérie avait eu un Code forestier avant que ses boisements eussent été reconnus ; c'était une cause fatale d'erreurs et d'abus. La reconnaissance du domaine forestier de la colonie présente cette curieuse particularité de n'avoir été faite que rarement par des forestiers, elle s'était faite en même temps que la reconnaissance du demeurant du domaine de l'État. De 1831 à 1845, une dizaine de textes sauvegardent les droits de l'État en se bornant à les affirmer. L'ordonnance du 9 novembre 1845, rédigée dans le même esprit que celles de 1844 et de 1846 sur le régime agraire, édictait une présomption de propriété en faveur de l'État, mais, tout comme pour les ordonnances agraires, on s'effraya de l'arbitraire du procédé et des décisions particulières venaient classer les massifs, comme dans la métropole. De 1852 à 1863 des commissions spéciales, dont les travaux étaient approuvés par les gouverneurs, devaient reconnaître tous les massifs algériens ; mais à partir de 1863 elles furent supprimées et les commissions de l'ancien sénatus-consulte, les commissaires du nouveau et les enquêteurs de la loi de 1897 avaient l'ordre de réserver les parcelles de nature forestière. Quand ces parcelles étaient reconnues, le ministre de l'agriculture, statuant sur la proposition du service des forêts prononçait le classement (Décret du 19 mars 1898) ; le domaine forestier constitué ainsi un peu au hasard fut revisé après 1892. En cette année une commission mixte opéra pour plus de 25.000 hectares de déclassements. L'œuvre fut poursuivie depuis cette date, et chaque année quelques millions d'hectares propres à la colonisation sont reconnus et déclassés.

Le service des forêts a très heureusement concilié, depuis 1894, les intérêts des populations indigènes usagères avec la conservation des massifs. Les lois de 1874 et de 1885 avaient eu le grave défaut de vouloir édicter des mesures générales, dans un pays qui n'en comportait pas. Où la diversité algérienne s'affirmait-elle plus éloquemment qu'en matière forestière ? C'est ainsi que la moyenne générale du boisement tellien est de 16 0/0 et que ce chiffre tombe à 7 0/0 sur tout le littoral de la province d'Oran et à 3 0/0 seulement dans la partie centrale du département de Constantine, pour s'élever, par contre, à plus de 60 0/0 dans la région comprise entre Philippeville et Djidjelli. Combien plus grandes encore étaient les différences quant à la nature du boisement ! des chênes-lièges sur le littoral de la province de Constantine, des pins d'Alep dans le Sud-Oranais et de maigres broussailles seulement sur les plateaux de Constantine ou le littoral d'Oran. N'était-il pas évident qu'à des massifs si différents, il fallait des mesures différentes et que c'était d'une cruauté inutile d'interdire l'accès des bestiaux dans les forêts de chêne-liège par exemple. L'administration a usé depuis 1894 d'une large tolérance ; le Tell comprend 1.748.000 hectares de forêts domaniales dont 1.375.000 grevés de droits d'usage ; par application de la loi de 1874, 261.000 hectares sont interdits au parcours parce qu'ils ont été incendiés depuis moins de dix ans, mais sur les 1.100.000 hectares demeurants, 1.060.000 ont été ouverts au pacage du gros bétail, 680.000 à celui des moutons et les chèvres sont tolérées dans les forêts de chêne-liège.

Si l'on tient compte des dégâts que les pacages font subir aux forêts, dégâts qui pour le gros bétail et les moutons dépassent 400.000 francs par an, si l'on tient compte aussi de l'extrême fragilité de 60 0/0 des massifs algériens, pour lesquels à juste titre on manifeste les plus sérieuses alarmes, on ne peut s'empêcher de reconnaître que l'administration forestière s'est montrée largement tolérante et d'applaudir aux phrases suivantes par lesquelles elle définissait en 1899 le rôle de la forêt : « Elle doit constituer une réserve pour les événements calamiteux et toujours être en mesure de remplir ce rôle sans que son existence soit compromise. D'où la nécessité de procéder à un aménagement des pâturages qui, prenant pour base ces conditions primordiales, devra tenir largement compte des intérêts locaux. Lorsque les tribus ne possèdent pas de terrains de parcours découverts en friches ou boisés en quantités suffisantes pour l'alimentation de leur cheptel, la forêt devra faire des sacrifices ; dans le cas contraire, elle n'aura qu'à fournir un apport qui peut dans des circonstances données devenir insignifiant. » Cela n'était-il pas plus sage que l'ancienne politique qui risquait de tout perdre en voulant tout conserver (1).

(1) Mais il y a beaucoup à faire encore, témoin cet avis émis par le conseil municipal de Bougie pays forestier, et par conséquent peu suspect : « Pour améliorer la situation économique des indigènes sur tous les territoires, il faut affecter aux douars ces immenses espaces de broussailles sans valeur, englobées à tort dans le domaine forestier.

Mais les plus heureuses réformes furent introduites par le service forestier dans la prévention, des incendies et la poursuite des délits forestiers. La principale de ces mesures a été la mise en exploitation de la forêt. Celle-ci activement poursuivie et dont le moindre résultat ne fut pas de redonner leur véritable destination aux agents distingués que les lois de 1874 et de 1885 avaient transformés en gendarmes, eut pour principale conséquence d'assurer du travail à l'indigène forestier et de lui faire respecter la forêt à laquelle il donnait de sa peine et qui lui donnait son pain. Le service forestier faisait établir des tranchées, débroussailler les futaies, tracer des sentiers, et la main-d'œuvre de ces travaux provenait de la conversion des amendes en prestations, conversion autorisée par la loi du 10 juin 1859 et généralisée seulement en Algérie depuis 1894. Toutes ces réformes qui ont suivi l'acte de Jules Ferry ont été complétées par une mesure qui en est comme le couronnement, celle dont le mérite lui revient le plus incontestablement ; la fin de cette indépendance absolue dont jouissaient les agents forestiers. Cette modification, réalisée par le décret du 19 mars 1898, permit d'assurer l'unité des vues et des mesures. Les conflits mesquins aux fatales conséquences, dans lesquels chaque parti sacrifiait volontiers l'intérêt général à une satisfaction d'amour-propre purent être évités. Les administrateurs usèrent de leur influence auprès des populations pour les engager à respecter les massifs et les forestiers surent apporter des tempéraments aux rigueurs de la loi. En même temps un arrêté du mi-

autoriser le parcours des bestiaux (chèvres exceptées) dans tous les cantons forestiers et tolérer aux indigènes le ramassage en forêt des bois morts qui sont une cause permanente d'incendies. »

nistre de l'agriculture instituait auprès du gouverneur général un service technique des forêts. C'était la reconnaissance officielle de l'autonomie de la forêt algérienne. On n'eut plus le désolant spectacle de conservations indépendantes les unes des autres, quoiqu'elles avaient les mêmes intérêts et dont la direction métropolitaine ne pouvait servir les besoins, ignorante qu'elle était des particularités de la forêt algérienne pour laquelle l'éloignement était déjà une cause de défaveur.

La direction de la forêt algérienne confiée à des forestier algériens assura une exploitation méthodique, conforme aux intérêts de l'Algérie. L'heure est proche où un Code forestier algérien, dont le principal mérite est de faire du gouverneur général une manière de grand-maître des eaux et forêts, complétera cette œuvre. Quant aux résultats des réformes entreprises, ils ressortent éloquemment des chiffres. Nous avons constaté la progression effrayante des incendies de forêts sous le régime de terreur et de refoulement institué par la colonisation : en 1894, plus de 100.000 hectares avaient été incendiés. Dès 1895 ce chiffre tombe à 32.907 hectares, à 14.094 en 1896, et si l'année 1897 accuse de nouveau 79.203 hectares, 1898, 1899 et 1900 figurent respectivement pour 12.384, 16.099 et 2.937 hectares seulement. Dans les six années du régime de tolérance, les dommages ont été de 4.898.402 francs, dans les six années précédentes, de 19.330.424 francs ; de telles constatations se passent de commentaires. Mais en même temps que diminuaient les incendies, les revenus des forêts augmentaient ; c'est ainsi que la moyenne quinquennale 1884-1888 donne 461.231 francs de revenus annuels (maximum : 588.327 en 1885 — minimum : 381.904 en 1888) ; la moyenne quinquennale 1889-1893 est à peine supérieure : 562.093 (maximum : 733.758, en 1892 — minimum : 354.601, en 1890); mais de 1894 à 1898 la moyenne annuelle double, triple presque, atteint 1.427.841 francs et la progression continue : 1899, 1.931.611 francs ; 1900, 2.130.645 francs. On dira que cette hausse est due à la mise en exploitation des forêts. Évidemment, mais la mise en exploitation des forêts n'est-elle pas le plus heureux effet d'une politique sage et tolérante.

Le régime foncier a été le pivot de la politique économique algérienne, c'est pour la terre qu'on a le plus lutté ; le régime forestier est la réduction du régime agraire. Dans l'un comme dans l'autre, l'aveugle emportement des partis a failli compromettre par ses excès la cause qu'on voulait servir. Quel enseignement que l'évolution du régime forestier ! Une administration suffisamment forte pour être l'arbitre au lieu d'être la créature des partis, servant avec une égale impartialité les intérêts des indigènes et ceux des colons, a obtenu un résultat magnifique, éloquent démenti à ceux qui les disent contraires. Pourquoi les mêmes causes ne produiraient-elles pas les mêmes effets pour le régime foncier ? Délivrée des théoriciens, l'Algérie peut tout espérer.

Rapport de Jules Ferry.

Les administrations qui ont un passé et une histoire et en particulier celles qui reçoivent dans un séminaire administratif, soigneusement recruté et entretenu, l'éducation professionnelle et qui s'y forment à cet ensemble de vues, de traditions et de sentiments que l'on appelle l'esprit de corps, ces administrations ne se refont pas. Elles sont ce qu'elles sont et leur force vient précisément de ce qu'elles ne sauraient être autrement. L'École forestière de Nancy date de 1824 ; le Code forestier est devenu

J. — 8

loi de l'Etat le 31 juillet 1827. Historiquement, intellectuellement, administrativement le Code et l'Ecole sont inséparables. Le Code est une législation dure, fiscale, inflexible, conservatrice à outrance, réglementaire jusqu'à la minutie, hostile aux droits d'usage qu'elle traite en suspects et en ennemis, exclusivement préoccupée de défendre par des pénalités sévères, par des condamnations pécuniaires très rigoureuses, sans admission possible de circonstances atténuantes, cette richesse de l'avenir contre laquelle se trouvent naturellement conjurées toutes les avidités, toutes les imprévoyances, toutes les misères ; législation d'ailleurs essentiellement contingente et particulière, qui s'explique par l'histoire, par la latitude, par le climat, édictée surtout en vue des régions forestières de l'Est et du Centre — le chêne-liège n'y est ni mentionné, ni entrevu, ni soupçonné — et pour une société très fortement organisée, où la propriété est constituée depuis des siècles, où le domaine de l'Etat comme celui des communes et des particuliers reposent sur des titres, des bornages, un cadastre. Telle est la loi écrite et telle aussi l'Ecole faite pour l'appliquer. On n'y doit apprendre ni la souplesse qui tourne l'obstacle, ni l'indulgence qui ferme les yeux. On s'y imprègne de la règle professionnelle. Or, la règle n'est ni bienveillante, ni malveillante, mais technique et impassible.

C'est à ce personnel distingué, régulier, scrupuleux, mais aussi étranger que possible aux choses africaines, que les décrets de 1881 ont remis exclusivement et directement, tout le domaine forestier de la colonie. A l'honorable M. Jacques, député d'Oran, qui dans la commission s'y opposait, non sans vivacité, le président du Conseil d'administration des forêts répondit : « Mais vous voulez donc une école forestière à Alger ! » Il en faudrait une, en effet, car il y a entre la forêt de France et la forêt algérienne un fossé plus profond que la Méditerranée, l'épaisseur de plusieurs siècles de civilisation.

En France, la forêt est une chose simple, caractérisée par des arbres à haute tige, par des massifs boisés, qui se distinguent au seul aspect des champs cultivés des alentours et qui ne sont considérés économiquement qu'à un point de vue : la production du bois.

En Algérie, on appelle de ce nom non seulement les bois de futaie et de quelque valeur, chênes-lièges, chênes-zéens, chênes verts, pins maritimes ou pins d'Alep, mais des terrains vagues, semés de lentisques et de palmiers nains, des maquis broussailleux, qui couvrent d'immenses espaces, sans qu'on sache où finit la brousse, où commence la plaine cultivable, de nombreuses et vastes clairières qui constituent de véritables terres de culture. Car tandis que la forêt du continent n'est habitée que par les gardes qui la surveillent, la forêt du Tell et des Hauts-Plateaux est peuplée ; on y vit, on y meurt, on y sème, on y laboure. C'est là que campe depuis des siècles, une race pauvre et sobre, mi-nomade et mi-pastorale, dont les troupeaux forment la seule richesse, qui vit du lait de ses chèvres ou de ses chamelles, fabrique ses tentes avec leurs poils, tisse les guenilles pittoresques, dont elle couvre sa misère, avec la laine de ses moutons. Elle y a des douars, des gourbis, des mosquées, des cimetières. C'est dans la forêt que, de temps immémorial, ce peuple de pasteurs, qui se chiffre par centaines de mille et qu'on peut sans exagération évaluer à 600 ou 700.000 âmes, prend le bois qui sert à cuire les aliments, à construire de misérables huttes, à confectionner un primitif araire ; c'est là que se rencontrent les sources d'eau vive, c'est là que le bétail trouve en été un abri contre la chaleur, en hiver contre le froid et en tout temps, le pâturage. C'est là que les tribus du Sud, chassées des Hauts-Plateaux chaque année par le soleil et la sécheresse, remontent avec leurs troupeaux pour échapper à la famine. Telle est l'Algérie, comme le disait excellemment M. Bertagna, l'honorable président du Conseil général de Constantine, dans un rapport au Conseil supérieur du mois de décembre 1890 « un pays d'agriculture pastorale et de transhumance ». Elle est ainsi en vertu de la nature des choses, et ce ne sont ni le Code forestier, ni l'administration parisienne, élevée à l'École de Nancy, qui lui ôteront ce caractère.

Le Code forestier y est inapplicable. Il s'y trouve promulgué d'après une jurisprudence trop complaisante de la Cour de cassation, avec le bloc de toutes les lois métropolitaines, antérieures à 1834 ; mais il tranche par des dispositions fondamentales au milieu des hommes et des choses d'Algérie, comme un énorme et criant contresens. Que devient, par exemple, cet article 78 qui défend solennellement à tous usagers, nonobstant tous titres et possessions contraires, de conduire ou faire conduire des chèvres, brebis ou moutons dans les forêts ou sur les terrains qui en dépendent à peine d'amendes énormes ou d'emprisonnement.

Il a fallu, bon gré mal gré, faire du pacage des moutons que ce paragraphe 3 de l'article 78 considère comme un fait exceptionnel, autorisé seulement dans certaines limites par les décrets du Président de la République, la règle générale de tout le territoire, et encore faut-il noter que cette concession, intelligente et nécessaire, est fort antérieure aux derniers décrets de rattachement. Que dire des articles 67, 68, 69, 70, 71, 73, 75, dont l'application a, par contre, été expressément maintenue ? Comment définir et signifier aux intéressés, avant le 1er mars de chaque année, sur cette immense étendue de 2 millions d'hectares, le nombre et les limites des cantons défensables ! Comment compter les têtes admises au pâturage ! Comment défendre aux usagers d'y faire paître les moutons, qu'ils élèvent en vue de la vente, leur prescrire les chemins par lesquels les bestiaux devront aller au pâturage et en revenir, alors qu'il n'existe pas de chemins dans les forêts ! Comment obliger les Arabes à n'avoir que des pâtres communs, choisis par l'autorité municipale, alors que, vivant uniquement de l'élevage, chacun est le pâtre de son propre troupeau ! Et l'obligation de marquer les porcs et bestiaux admis au pâturage d'une marque différente pour chaque commune ou section de commune, marque dont l'usager doit déposer l'empreinte au greffe du tribunal et le fer chez l'agent forestier et les clochettes que doivent porter au cou, sous peine d'amende, les bêtes tolérées ! On ne sait s'il faut sourire ou s'attrister devant cette profusion de précautions impraticables. Mais voici qui touche à l'odieux.

Non seulement le pâturage est pour l'habitant des forêts une des formes du droit de vivre, mais la culture primitive à laquelle il se livre et qui lui fournit un peu d'orge ou de blé, c'est dans les portions dénudées du sol forestier, dans les enclaves et dans les clairières, qu'il l'exerce et il ne peut l'exercer ailleurs. Il n'est pas de plus noir méfait aux yeux de l'administration forestière. Mais que faire ? Le Code forestier n'a pas prévu le délit de culture, personne n'ayant en France la fantaisie de labourer sous bois. Mais il existe dans le Code un article 144 qui punit de peines sévères « l'extraction non autorisée de pierre, sable, minerai, terre ou gazon, tourbe, bruyères, genêts, herbages, existant sur le sol des forêts ». Avec la permission de la Cour suprême, le labourage sera traité comme un fait d'extraction ; l'indigène sera puni pour avoir remué la terre, comme s'il l'avait enlevée, à tant par charretée ou tombereau et par bête attelée, à tant par charge de bête de somme. Le compte est facile à faire. Un labourage à cinq centimètres de profondeur — ce qui, même pour la charrue arabe, est un minimum — équivaut pour une superficie d'un are à une extraction idéale de cinq mètres cubes. C'est la charge de dix bêtes de somme ; l'amende sera de 5 à 15 francs par bête de somme. 5 à 150 francs par are, 5.000 francs par hectare au moins, sans compter les frais, dans un pays où l'hectare de terre vaut en moyenne 200 francs.

Un seul exemple encore pour en finir, car il y faudrait tout un volume. L'article 152 du Code forestier défend d'établir sans autorisation « et sous quelque prétexte que ce soit, aucune maison sur perches, loge, baraque ou hangar, dans l'enceinte et à moins d'un kilomètre des bois et forêts ». Cet article a trait essentiellement à la forêt française, à la forêt limitée, à la forêt inhabitée ; il pourchasse ces installations suspectes et provisoires, si difficiles à surveiller et qui ne peuvent guère être que des repaires de braconnage. On l'applique en Algérie aux gourbis et aux tentes. Il fallut le torturer et réduire à 200 mètres, par

pure et illégale tolérance, la zone de protection. Mais la tente
de l'arabe n'est point à demeure fixe, le douar se déplace pério-
diquement, fumant ses terres à tour de rôle par le déplacement
des troupeaux. Et la forêt qui se perd dans les broussailles n'a
ni limites naturelles, ni bornage. La zone est perpétuellement en
danger d'être franchie, non par un délinquant qui saccage les
futaies, mais par un fellah qui cherche à vivre du maigre
produit des sous-bois. Il y a un délit, le garde verbalise ; si le
douar compte dix tentes, ce qui est bien peu, l'amende sera de
500 francs.

C'est ainsi que l'indigène, qu'il le sache ou non, et le plus souvent sans le savoir, est toujours en état de délit. Comme le
juste, il pèche au moins sept fois par jour. Existe-t-il pour l'ê-
tre faible une plus dure oppression que celle qu'il ne comprend
pas ? Le séquestre, la responsabilité collective sont pour l'Arabe
des régions forestières de terribles châtiments ; ils lui font cruellement sentir la lourde main du conquérant ; ces mesures ont
surtout le tort grave de se liquider avec une déraisonnable
lenteur et de faire éternellement peser sur les générations qui
se succèdent, les conséquences d'une insurrection qui date déjà
de plus de vingt ans. Mais, du moins, l'Arabe sait ce que cela veut
dire et son esprit simpliste remonte aisément de l'effet à la cause.
Mais le Code forestier, que peut-il dire à ces âmes primitives ?
Que peuvent-ils entendre à cette guerre perpétuelle faite à toutes les coutumes, à tous les droits séculaires, qui les font vivre ?
Comment entrerait-il dans leur esprit, ce qui pénètre si difficilement dans le nôtre, qu'un gouvernement d'hommes justes, sen-
sés, civilisés, ait conçu la pensée d'assimiler 700.000 Arabes
à coups de procès-verbaux !

Cet immense appareil de vexations fatales et d'inévitable arbitraire, est remis entre les mains — car il faut aller au fond des
choses — non pas des hommes distingués, qui se figurent de
Paris qu'ils le dirigent, non pas même des conservateurs locaux
et de leur état-major, mais des gardes forestiers (brigadiers,
simples gardes, auxiliaires indigènes), le personnel administra-

tif le moins bien recruté, le plus mal payé, le plus surmené, par l'excessive étendue des circonscriptions de surveillance et la difficulté des déplacements. Voilà les seuls agents que connaissent les populations forestières, voilà ceux qui sont à leurs yeux les vrais caïds et les vrais maîtres. N'ont-ils pas le pouvoir de lier et de délier ? Ne se présentent-ils pas dans les douars, le procès-verbal d'une main, la transaction de l'autre ? Il y a dans le décret de délégation qui accompagne le décret de rattachement du 26 août 1881, c'est-à-dire dans les attributions propres au gouverneur général, un paragraphe qui lui réserve « toutes transactions sur délits forestiers ». Est-ce une dérision ? Comment le gouverneur général pourrait-il seulement connaître ces milliers de transactions, presqu'aussi nombreuses que les délits. Autant le charger de dresser lui-même les procès-verbaux. L'article 159 du Code forestier autorise l'administration des forêts à transiger avant et après jugement. En Algérie, la transaction est toujours offerte avant. Elle est généralement du dixième de l'amende et des réparations pécuniaires encourues, plus les frais du procès-verbal. La force des choses reprend ici ses droits et rien ne crie plus haut contre une législation impraticable que ces lendemains d'indulgence inexpliquée, rien n'est mieux fait pour troubler ces pauvres cervelles, pour abaisser dans leur esprit l'autorité de la loi, pour rehausser ainsi à leurs yeux le fonctionnaire qui verbalise et qui, après avoir signifié le procès-verbal, vient, quelques jours après, signifier la clémence. Quoi d'étonnant qu'on le sollicite cet agent de la loi vivante ! Quoi d'étonnant que parfois il se laisse corrompre. Il en est de tristes et trop nombreux exemples. Il serait cruel d'y insister. En cette affaire, l'humble instrument est moins coupable que le système.....

CHAPITRE III

LES IMPÔTS.

I. — Le système : assiette et recouvrement.
II. — Son examen : statistiques et critiques.

I

L'indigène algérien paie tous les impôts français ; il paie
en outre, et il est seul à les payer, des contributions spéciales, dites contributions arabes. Ce surcroît de charges
est assez malaisé à expliquer. Dans le rapport qu'il pré-
senta à la commission d'études des charges fiscales, rapport
que la commission fit sien, M. de Saligny, inspecteur des

Consulter sur ce chapitre : Bonzom : *Du régime fiscal en Algérie*,
Paris, 1899. — Clamageran : *Le régime fiscal de l'Algérie*, Sénat, 1893.
— Gouvernement général de l'Algérie : *Notice sur les impôts arabes et
leur mode de perception sous la domination de l'émir El Hadj Abd-
el-Kader*, Alger, 1842 ; *Projet de décret sur l'impôt arabe et rapport
sur la constitution de l'impôt arabe*, Alger, 1853 ; *Étude sur les impôts
arabes en Algérie*, Alger, 1880 ; *Procès-verbaux des délibérations de
la Commission d'études de l'impôt arabe*, Alger, 1893 ; *Commission
d'étude des charges fiscales*, Alger, 1898 ; *Notice sur les impôts arabes*,
Alger, 1899 ; *Commission pour l'étude des impôts arabes*, Alger, 1902.
— Robe : *De l'impôt en Algérie*, Alger, 1871. — On trouvera d'utiles
renseignements dans les procès-verbaux des Délégations financières et
du Conseil supérieur et des renseignements statistiques dans le Tableau
des établissements français en Algérie, la Statistique générale de l'Algérie, l'Exposé annuel de la situation de l'Algérie et dans une Statistique financière publiée en 1902.

finances, s'exprime à ce sujet de la façon suivante : « Les terres possédées par les européens sont, dans l'intérêt de la colonisation, exemptées de toutes charges au profit de l'État, une imposition de cette nature serait tout à fait anti-économique et du reste ne s'expliquerait guère à une époque où chacun s'ingénie à chercher le moyen de dégrever en France la propriété non bâtie. » On ne saurait mieux dire. « Pour des considérations d'un ordre tout spécial, les terres des indigènes ne sont pas libres de redevances. Les indigènes ont, en effet, continué jusqu'à ce jour à payer les contributions auxquelles ils étaient assujettis avant la conquête ». Il est permis de trouver qu'une constatation n'est pas une justification, et que ces considérations d'un ordre tout à fait spécial auraient gagné à être développées. Il n'est pas douteux qu'en Algérie la production européenne est beaucoup plus régulière et beaucoup plus élevée que la production indigène. Si vraiment les charges fiscales doivent être proportionnées à la force économique des contribuables, pourquoi l'exonération doit-elle profiter, ici au plus fort et non au plus faible ? La vérité est que l'administration algérienne a été d'autant plus heureuse de continuer à percevoir des impôts établis depuis de longs siècles que l'indigène échappait par la sobriété de sa vie, aux taxes indirectes que paie l'Européen. Mais si ce dernier vit d'une vie plus civilisée, c'est apparemment qu'il y a intérêt ; l'indigène devrait avoir au moins le bénéfice de sa misère, et cette prime donnée par le fisc à la civilisation est pour le moins étrange.

Quoi qu'il en soit, ces impôts qui frappent le revenu, sont des taxes personnelles. S'inspirant de ce principe de personnalité, le Conseil du gouvernement, consulté le 5 mars 1849, en déduisit les conséquences suivantes :

1° Qu'il n'y a, en matière d'impôts arabes, aucune différence à établir entre le cultivateur arabe en territoire civil et le cultivateur arabe en territoire militaire.

Application : quatre communes indigènes du département de Constantine, déjà imposées d'une lezma fixe, impôt de répartition, sorte de tribut de guerre, sont de plus assujetties aux impôts arabes (achour, hokor, zekkat et lezma des palmiers). Dans l'esprit du Conseil du gouvernement, en effet, la différence de traitement réprouvée visait les exemptions et non les surcharges ;

2° Que le propriétaire européen qui loue ses terres à un fermier arabe ne saurait l'exempter de l'impôt.

Application : Décisions gouvernementales du 3 février 1894 et du 23 septembre 1896, d'après lesquelles sont exemptes de l'impôt arabe, dit lezma des palmiers, « les plantations de palmiers d'origine indigène, achetées par des compagnies ou des particuliers européens et mis en valeur par les agents ou les propriétaires eux-mêmes », car ce sont des palmiers européens ; mais « qu'au contraire, y sont assujetties ces mêmes plantations si elles sont situées à plus de huit kilomètres de la résidence de l'Européen », car il y a alors présomption que celui-ci ne peut mettre en valeur lui-même et a dû affermer ses palmiers ;

3° Que le khammès doit être considéré et traité pour l'assiette de l'impôt à l'instar des fermiers et métayers, sauf le cas où il est établi sur une propriété exploitée par son propriétaire ou par un fermier européen, habitant les uns et les autres un corps de ferme, fournissant les instruments de travail et dirigeant la culture en personne.

Application : L'Européen qui n'exploite pas sa terre ne paie pas l'impôt, mais son khammès qui l'exploite paie. Il est des cas où l'impôt arabe est un impôt sur le travail.

4° Que pour l'établissement de l'achour sur la part revenant aux khammès dans le produit de leur travail, cette part ne pourra être évaluée au-dessous du cinquième de la récolte au brut.

Application : L'interprétation étant restrictive, le fermier ne paie pas sur le cinquième de la récolte, mais sur la récolte entière.

Ces impôts sont empruntés à l'ancienne régence ; ce sont l'achour, le zekkat, le hokor et les lezma's. Bugeaud avait de plus conservé l'eussa, taxe sur les nomades du Sud à leur arrivée dans le Tell, mais cet impôt n'est plus perçu (ordonnance du 17 janvier 1845). Nous n'étudierons point ici les lezma's du Sud, tributs payés par les collectivités des Cheurfa's (2.000 francs), des Chaambaa Berazza's et Mouadhi's (7.773 francs), des Beni M'zab (142.397 francs), de Tebessa (1.900 francs), Khenchela (18.025 francs), Biskra (50.633 francs), Touggourt (9.910 francs), à titre de contribution de guerre, fixe et annuelle ; ni la lezma des palmiers, taxe qui frappe un ou deux millions de plants des départements d'Alger et de Constantine et qui produit de 250 à 500.000 francs. Ni l'une ni l'autre de ces contributions ne grèvent le fellah du Tell. Celui-ci ne supporte que l'achour, le hokor et le zekkat et s'il est kabyle, les lezma's.

L'achour est l'ancienne dîme religieuse : cet impôt est payé à peu près universellement en Algérie ; les 105 communes du département d'Oran y sont soumises, à la seule exception de la fraction des Cheurfa's, imposée à la lezma fixe du Sud ; 120, des 134 communes du département d'Alger et 110, des 112 communes du département de Constantine paient aussi cet impôt traditionnel, soit plus des trois cinquièmes de la population totale du pays. L'achour représente le dixième de la récolte, déduction faite de la semence ; avant 1887, les seules cultures d'orge et de blé y étaient soumises, mais depuis l'arrêté gouvernemental du 20 septembre 1886, entré en vigueur le 1ᵉʳ janvier 1887, l'impôt s'applique aussi aux avoines, aux cultures sarclées, maïs, fèves, bechna's, jardins, tabacs, vignes, orangeries, olivettes et vergers ; y échappent seules les plantations d'arbres fruitiers, vignes, jardins potagers, et autres cultures sarclées, d'une étendue de moins d'un hectare (décret du 30 décembre 1894).

L'unité imposable à l'achour est la charrue ; mais celle-ci se présente sous trois types différents.

1° Le type des départements d'Oran et d'Alger ;

2° Le type du département de Constantine ;

3° Le type dit spécial.

I.— Dans les départements d'Alger, la charrue se calcule d'après un double élément ; elle est proportionnelle à la superficie cultivée et proportionnelle au rendement présumé de la récolte.

Proportionnelle à la superficie cultivée : « La charrue, unité de surface, représente l'étendue que pendant la durée normale de la saison des semailles, peut cultiver un agriculteur avec un araire mû par deux animaux de labour (chevaux, mulets ou bœufs). » Cette superficie varie donc suivant la nature du terrain et l'outillage du laboureur ; elle oscille entre 5 et 15 hectares. On a signalé dans le département d'Oran une tendance à unifier la charrue à 10 hectares. Pour y calculer le nombre d'unités imposables à l'achour, on évalue la superficie en hectares et on divise par 10 ; si l'indigène a labouré plus de 10 hectares par charrue, il est lésé, s'il en a labouré moins, c'est le fisc qui est frustré. Cette pratique qui simplifie incontes-

tablement le travail des répartiteurs, constitue une innovation tout aussi répréhensible en droit que regrettable
en fait.

Proportionnelle au rendement présumé de la récolte.
Après que la quantité des unités imposables a été arrêté
il convient d'en déterminer la qualité ; le rendement approximatif sera déterminé suivant la qualité du sol, les intempéries ou même, ce qui est d'une équité douteuse, suivant l'habileté et l'activité du cultivateur. Ce second élément d'appréciation viendra corriger le premier et il peut
ainsi arriver qu'une charrue d'une superficie moindre,
soit plus imposée qu'une autre plus grande, mais moins
bien cultivée. Suivant la récolte présumée on attribue une
note à la charrue ; elle sera très bonne, bonne, assez bonne,
mauvaise ou nulle. Comme ces notations manquent de
précision, la pratique administrative les attribue suivant
une échelle déterminée. Est classée très bonne, la charrue
produisant net : 80 quintaux d'orge ou 40 de blé ou 40
d'orge et 20 de blé. Bonne, la charrue produisant net :
60 quintaux d'orge ou 30 de blé ou 30 d'orge et 15 de blé.
Assez bonne, la charrue produisant net : 40 quintaux d'orge
ou 20 de blé ou 20 d'orge et 10 de blé. Mauvaise, la charrue
produisant net : 20 quintaux d'orge ou 10 de blé ou 10
d'orge et 5 de blé. Nulle, la charrue ne produisant rien
ou ne rendant que sa semence. L'administration suppose
donc *a priori* le rendement de l'orge double de celui du
blé.

Pour calculer maintenant le montant de l'impôt, il suffira de diviser le rendement net par dix. La charrue très
bonne paiera donc 8 quintaux d'orge ou 4 de blé ou 4 d'orge
et 2 de blé, la charrue bonne, 6 quintaux d'orge ou 3 de
blé ou 3 d'orge et 1,5 de blé, etc. etc. La notation très

bonne, équivaut à peu près à un rendement net, c'est-à-dire semence déduite, de 6 quintaux à l'hectare ; elle est d'ailleurs exceptionnelle, la note bonne n'est obtenue guère plus souvent et généralement les notes attribuées sont : assez bonne ou mauvaise. D'une statistique faite pour le département d'Alger et portant sur dix années, de 1887 à 1897, il résulte que, sur une moyenne de 460.436 hectares emblavés annuellement, 500 seulement ont obtenu la note très bonne ; 45.820, soit moins du dixième, la note bonne : 176.719, la note assez bonne : 188.772, la note mauvaise : 48.623, c'est-à-dire un nombre légèrement supérieur à celui des hectares bons, la note nulle. Toujours d'après cette même statistique l'impôt achour représente en moyenne 3 fr. 26 par hectare, l'hectare très bon payant 8 fr. 80, le bon 6 fr. 60, l'assez bon 4 fr. 40 et le mauvais 2 fr. 20. Sous le beylik turc, la perception de l'achour se faisait en nature, sous notre domination on a opéré une conversion en argent ; les tarifs, variables avant 1867, ont été uniformisés depuis cette date dans les deux départements d'Oran et d'Alger. Depuis 1874, ils sont immuablement fixés à 22 francs le quintal de blé et 11 francs le quintal d'orge, quoique le gouverneur ait le droit de modifier annuellement ce tarif, après avis des Conseils de préfecture, le Conseil de gouvernement entendu.

II. — Dans le département de Constantine, l'unité imposable est encore la charrue, mais elle n'est plus calculée sur un double élément, la qualité n'a plus d'influence ; « l'impôt représente le dixième du produit net récolté sur la superficie moyenne, labourée pendant une campagne agricole », abstraction faite de la qualité de la récolte. Le montant de cet impôt, que le gouverneur général peut modifier annuellement après avis des Conseils de préfecture et le Conseil de gouvernement entendu, est en principe de 25 francs, mais on a dû l'abaisser à 20 francs, 12 fr. 50, 10 francs, 6 francs, 5 francs, 4 francs et même 3 francs pour les régions les moins favorisées ; ces taxes réduites sont exceptionnelles et la taxe de 25 francs est payée par les sept huitièmes des charrues du département. Encore a-t-il paru que cette échelle de tarifs n'avait pas une mobilité suffisante et tout un système d'atténuations, de remises et de dégrèvements a dû être organisé, opérant en moyenne pour 150.000 francs de dégrèvements par an, soit près du dixième du rendement total. Mais si le producteur ne payait que le seul achour il serait favorisé ; il ne paierait jamais plus que le cultivateur des deux autres départements dont la charrue serait notée mauvaise, aussi à l'achour vient en principe s'ajouter le hokor.

Le hokor est un fermage, il représente le loyer des terres azel ou arch, sur lesquelles les tribus n'ont qu'un droit de jouissance. Mais cet impôt ne frappe pas les melk ; d'où cette conséquence que sur les 112 communes du département de Constantine, 81 seulement paient le hokor. L'unité imposable au hokor est la même qu'à l'achour et le tarif est de 20 francs dans les communes où l'on paie 25 francs d'achour, 10 francs dans celles où l'achour est réduit.

III. — Il faut enfin mentionner les exceptions.

D'abord, l'heureuse tribu des Athia's et Beni Mengouch [1] (commune mixte de Lalla Marnia) exempte de tout impôt (traité du 18 mars 1845). Ceux-là sont de rares privilégiés. On peut y joindre les anciennes tribus maghzen's, les Douairs et les Zmela's : d'après le traité du Figuier (10 juin 1835), ces tribus paient invariablement 30 francs par charrue, sans qu'il y ait lieu de s'occuper de la qualité de la récolte. C'est un tarif de faveur qui présume leurs charrues mauvaises. Enfin il faut mentionner les charrues des cultures dites marocaines. Des Marocains, établis près de la frontière, viennent chaque année en Algérie à l'époque des semailles et des moissons. On leur fait payer aux semailles 60 francs par charrue, centimes compris (convention de 1874 avec l'amel d'Oudjda). Ces Marocains sont moins favorisés que les maghzen's : leur charrues sont présumées assez bonnes.

Le zekkat est la dîme sur les bestiaux ; à cet impôt, appliqué depuis 1858 seulement à la province de Constantine, échappent seulement 13 communes du département d'Alger et 2 de celui de Constantine. L'impôt frappe les chameaux, bœufs, moutons et chèvres, que les contribuables possèdent à la date du 1ᵉʳ janvier de l'année pour laquelle le rôle est établi. Les taxes ont été uniformisées depuis 1863 ; leur montant, que le gouverneur général pouvait fixer annuellement est, depuis 1874 : de 4 francs pour les chameaux, de 3 francs pour les bœufs, de 0 fr. 20 pour les moutons, de 0 fr. 25 pour les chèvres. L'exemption est acquise pour les animaux possédés temporairement ou faisant l'objet de transactions commerciales (1). De plus, en sont exempts,

---

(1) Cette exemption n'est pas allée sans difficultés au cours de ces dernières années. Les fléchissements continuels et progressifs de l'impôt arabe ont depuis quelque temps vivement préoccupé les autorités.

Récemment encore, le 20 avril 1901, le gouverneur général proposait de soumettre au zekkat « les chameaux, bœufs, moutons et chèvres, détenus à un titre quelconque par un indigène ». La proposition ne fut pas goûtée ; en vérité, il eût été curieux de voir le berger payer pour les troupeaux de son maître. Mais une difficulté très ardue demeurait en la matière : la question des azila's.

L'hypothèse est la suivante : un éleveur européen, redoutant les vols ou n'ayant pas de parcours, confie son troupeau à un indigène qui en aura la garde et dont la rémunération consistera dans une part de produits. Cet indigène doit-il payer le zekkat ? D'après les principes,

les tribus maghzen's, les Douairs et Zmela's. Elles ne paient que le hak ech chebir (l'impôt de l'éperon) qui frappe les têtes de bétail imposables au zekkat dans le reste de l'Algérie, d'une taxe uniforme de 0 fr. 10. D'après une jurisprudence constante du Conseil de préfecture d'Oran, le bénéfice des tarifs réduits du hak ech chebir n'est accordé qu'aux habitants qui faisaient partie du maghzen en 1835 ou à leurs descendants.

Les lezma's fixes du Sud et la lezma des palmiers n'intéressant guère notre sujet, l'étude des lezma's kabyles terminera cet aperçu des impôts arabes. Elles sont perçues dans 20 communes du département d'Alger et dans 8 du département de Constantine et se présentent sous trois types : la lezma fixe de Kabylie, la lezma de capitation et la lezma des feux.

et notamment d'après l'avis du Conseil du gouvernement du 5 mars 1849, sans aucun doute oui ; dans l'espèce, il ne s'agit pas d'un dépôt, mais d'une association ; d'autre part, l'exemption du zekkat est acquise pour les animaux possédés temporairement ou faisant l'objet de transactions commerciales. Que faire ? suivre les principes de l'avis de 1849 ou ceux de la jurisprudence en matière d'impôt zekkat. L'administration prit un moyen terme ; généreuse, elle exempta les bestiaux en azila du zekkat, mais prudente, elle exigea la production d'un titre authentique constatant le contrat (circulaire du gouverneur général du 24 octobre 1891). En fait, ce titre authentique n'était jamais produit : ni l'européen, ni l'indigène n'y avaient songé et le bétail payait. Comme de juste, l'administration était récompensée de sa générosité. Mais un jour un indigène, imposé au zekkat pour des bestiaux qu'il avait en azila, et qui n'avait pu produire de titre authentique, saisit le Conseil d'Etat. Cette haute assemblée (arrêt du 30 novembre 1901), déclara la prétention de l'administration excessive et voici l'administration obligée de prendre parti, le subterfuge du titre authentique étant condamné. Elle n'a pas cru devoir le faire et confiante dans la publicité restreinte d'un arrêt du Conseil d'Etat, elle continue à exiger le titre authentique ou, à défaut, le zekkat.

J. — 9

Dans le département d'Alger, la lezma n'est pas un impôt supplémentaire perçu sur les populations kabyles, mais une taxe de remplacement. Dans 13 des 20 communes qui y sont soumises, l'exemption de l'achour et du zekkat est expresse : dans les 7 autres il n'en est pas ainsi, mais pratiquement il n'y a jamais cumul ; c'est la lezma seule ou ce sont le zekkat et l'achour qui sont perçus. Dans le département de Constantine, où le système d'impôts est le plus bizarre qui se puisse imaginer, la situation est moins nette. Les tribus kabyles paient toutes l'achour et le zekkat ; elles paient en outre la lezma ; il est vrai qu'elles ne paient pas le hokor, mais c'est un privilège qui n'a rien que d'honorable, puisque c'est au prix de leur vie qu'elles ont défendu leur indépendance et conservé à leurs terres le caractère melk. Une trentaine de communes du département de Constantine sont d'ailleurs exemptes de l'impôt hokor, pourquoi dix communes kabyles seules paient-elles une lezma fixe à laquelle s'ajoute quelquefois la lezma des feux? Les lezma's constantinoises ne sont pas des taxes de remplacement, comme la lezma de capitation perçue exclusivement dans le département d'Alger, ce sont des tributs de guerre et il est permis de se demander pourquoi les Kabyles seuls expient aujourd'hui encore, leurs luttes d'indépendance.

La lezma de capitation, uniquement perçue dans la Grande-Kabylie du département d'Alger a été instituée par une décision du maréchal Randon en date du 18 juin 1858, modifiée par l'arrêté du 9 septembre 1886 ; elle est régie aujourd'hui par le décret du 30 décembre 1894 et l'arrêté gouvernemental du 31 décembre de la même année. Tous les hommes susceptibles de porter les armes y sont soumis et sont présumés susceptibles de porter les armes, tous ceux qui ont jeûné deux fois à l'époque du Ramadan (instructions gouvernementales du 3 février 1879). Le Kabyle est donc imposé à partir de sa quinzième année environ. Mais de ce que le principe doit être interprété restrictivement, résultent les bizarres conséquences suivantes :

Les hommes seuls sont imposés, donc toutes les veuves et toutes les filles ainsi que tous les jeunes gens qui n'ont pas jeûné deux fois encore, sont exempts, quelle que soit leur richesse.

Les contribuables ne sont imposables qu'à leur domicile ; donc le très riche kabyle, dont les terres ne seraient pas en Kabylie, ne paierait pas ; ne paierait pas non plus l'indigène non kabyle qui, ayant ses terres en territoire lezma, habiterait en terre d'achour.

Par contre, les conséquences du principe sont rigoureuses pour les nombreuses familles, car lorsqu'une famille comprend plusieurs individus imposés à la capitation, on exige de chacun d'eux, marié ou non, la même taxe que celle du chef de la communauté ; cependant si de la sorte, on excédait les forces contributives de la communauté, on attribuerait aux membres autres que le chef de famille une taxe inférieure.

La lezma de Grande-Kabylie est un impôt de capitation et de quotité. Les contribuables sont divisés en classes d'après leur situation de fortune. Le maréchal Randon n'avait imposé que trois classes, respectivement à 15, 10 et 5 francs (décision du 18 juin 1858) ; l'arrêté du 9 septembre 1886 en imposait déjà cinq : respectivement à 100, 50, 15, 10 et 5 francs, centimes compris. L'arrêté du 31 décembre 1894 y ajoute une sixième classe, à 30 francs. Quand le décret du 27 juillet 1875 institua les centimes additionnels extraordinaires pour la constitution de la propriété indigène ces centimes, qui eussent dû être calculés sur le principal), le furent sur les chiffres indiqués dans l'arrêté du 31 décembre 1894 qui comprenaient le principal et les centimes ordinaires ; aujourd'hui les six classes paient donc respectivement 120, 60, 36, 18, 12 et 6 francs. L'arrêté de 1894 rangeait les contribuables dans une de ces classes suivant qu'ils étaient « très riches », « riches », « très aisés », « aisés », avaient de « faibles ressources moyennes » ou simplement « de faibles ressources ». L'administration algérienne paraît se complaire à cette discrète réserve en matière d'impôts arabes ; mais tout comme pour les notes d'achour on a établi, pour les classes de la lezma, une base d'appréciation plus solide et suivant que le contribuable a de 0 à 200 francs, de 200 à 400, de 400 à 900, de 900 à 1.600, de 1.600 à 2.400 ou plus de 2.400 francs de revenu brut, il figurera dans une des six classes.

Les deux lezma's constantinoises sont, à un point de vue documentaire, infiniment plus intéressantes que la lezma de capitation. La lezma fixe, imposée aux six communes de Bougie (8.000 fr.), d'Akbou mixte (125.573 fr.), d'Aurès mixte (29.792 fr.), du Guergour mixte (25.740 fr.), de l'Oued Marsa mixte (11.925 fr.) et de la Soummam mixte (105.375 fr.), a toute l'originalité des contributions de guerre, rançons du pillage, que l'on percevait sous la féodalité. Les djemmaa's assistées du répartiteur en opèrent la répartition ; mais combien plus originale encore est la lezma des feux, perçue dans quatre communes seulement (Takitount mixte, Guergour mixte, Oued Marsa mixte, Bibans mixte) qui est à la fois un impôt de quotité et de répartition. C'est un impôt de quotité en ce sens qu'il est procédé chaque année au recensement de tous les feux, c'est-à-dire de tous les foyers fumants, quelle que soit l'origine de celui qui l'occupe, quelle que soit sa fortune. Chaque feu est taxé à **22 fr. 50** ; le douar d'El Main cependant, de la commune mixte des Bibans, ne paie que **20** francs. On multiplie le total des feux recensés par la taxe et l'on obtient ainsi le montant du contingent à payer par les quatre communes. Mais c'est. alors que la lezma devient impôt de répartition ; la djemmaa, sans se préoccuper du recensement et en ne tenant compte que de la fortune de chacun, opère la répartition du contingent entre tous les indigènes possédant des biens imposables dans la commune, même s'ils n'y habitent pas (décision gouvernementale du 1ᵉʳ mars 1875).

En résumé :

Dans le département d'Oran : l'indigène paie toujours l'achour et le zekkat et ne paie que ces deux impôts.

Dans le département d'Alger il paie : ou l'achour et le zekkat (dans **111** communes sur **134**) ou la lezma de capitation (**20** communes sur **134**).

Dans le département de Constantine il paie : toujours le zekkat, presque toujours l'achour (deux exceptions seulement sur **112** communes), presque toujours le hoker (dans **81** communes sur **112**) et en outre une dizaine de communes kabyles paient les lezma's (1).

(1) Mais si l'on veut avoir une vue plus exacte des choses on arrive au curieux tableau suivant :

Dans le département d'Oran règne seul une certaine uniformité ; il suffit d'excepter les Chorfa's, soumis à la lezma fixe ; les Douairs et Zmela's favorisés par des tarifs réduits, tant pour l'achour que pour le zekkat et l'heureuse tribu des Athia's et Beni Mengouch, absolument

On sait que le paiement des contributions arabes ne dispense pas l'indigène des impôts généraux, perçus dans la colonie et dont il supporte la charge, concurremment avec les européens ; ce n'est point ici le lieu de les étudier et nous signalerons simplement à côté des centimes additionnels aux impôts arabes, l'impôt sur les propriétés bâties et celui sur les prestations qui présentent pour ces contribuables quelques curieuses particularités. Les centimes additionnels aux impôts arabes, dont le rendement est de trois millions environ, se divisent en communaux, généraux et extraordinaires. En principe, les communes de plein exercice sont exemptées des centimes communaux et généraux ; ceux-ci y sont remplacés par des taxes sur les loyers et sur les chiens (décision gouvernementale du 5 janvier 1875) ; cette règle comporte une exception au détriment des communes kabyles qui, même quand elles sont de plein exercice, paient les centimes communaux et les taxes municipales (1). Les centimes

exempte. Dans tout le reste du département on paie l'achour et le zekkat.

Dans le département d'Alger ; les 134 communes sont imposées de 5 façons différentes ; 111, paient l'achour et le zekkat ; 13, la lezma de capitation ; 7, le zekkat, l'achour et la lezma de capitation (cumul théorique) ; 2, le zekkat, l'achour et la lezma des palmiers ; une seule ne paie que la lezma fixe.

Dans le département de Constantine, les 112 communes sont imposées de 10 façons différentes : 1 seule ne paie que la lezma fixe ; 1 seule, la lezma fixe et celle des feux ; 27, paient l'achour et le zekkat ; 2, l'achour, le zekkat et la lezma fixe ; 70, le hokor, l'achour et le zekkat ; 2, le hokor, l'achour, le zekkat et la lezma fixe ; 2, le hokor, l'achour, le zekkat et la lezma des feux ; 3, le hokor, l'achour, le zekkat et la lezma des palmiers ; 3, le hokor, l'achour, le zekkat, la lezma fixe et celle des palmiers ; 1 commune paie : le hokor, l'achour, le zekkat, la lezma fixe et celle des feux.

(1) Cette anomalie ou cette illégalité provient de ce que la lezma

communaux institués en 1855 (arrêté ministériel du 30 juillet 1855) ont été portés de dix à dix-huit (arrêté ministériel du 26 février 1858). De 1876 à 1893 on prélevait sur ces dix-huit centimes six centimes pour l'assistance hospitalière. La loi du 18 juillet 1892 ayant supprimé cette affectation spéciale, les centimes communaux furent ramenés à douze. Les centimes généraux, dont l'origine se trouve dans les six centimes distraits des centimes communaux pour l'assistance hospitalière, ont été portés à huit par l'arrêté du 30 octobre 1875 et ramenés à leur chiffre primitif le 28 février 1880. Les centimes extraordinaires enfin, prélevés pour la constitution de la propriété indigène et d'abord fixés à deux centimes pour les pays d'achour, zekkat, hokor et à dix centimes, pour les pays de lezma (décret du 13 juilllet 1874), ont été doublés par le décret du 27 juillet 1875 (4 centimes en pays achour, zekkat, hokor, 20 centimes en pays lezma). Il est assurément remarquable que les centimes aient été cinq fois plus élevés en pays lezma, où la propriété individuelle existait aussi bien qu'en France, qu'en pays arabe où elle était à constituer et il est certainement illégal que ces centimes extraordinaires aient été en pays lezma, constamment calculés sur le principal accru des centimes communaux et généraux dont le cumul, pour les communes de plein exercice au moins, était déjà illégal (1). La constitution

kabyle est perçue en bloc, principal et centimes compris. On n'a pas cru devoir faire deux tarifs de lezma, l'un pour les communes de plein exercice, l'autre pour les communes mixtes.

(1) Percevoir des centimes illégaux et doubler cette illégalité en les établissant par un calcul illégal était déjà peu ordinaire. On vient de faire mieux. Depuis 1902 on perçoit dans les communes kabyles 3 centimes pour frais de perception des impositions communales, illégales dans les communes de plein exercice puisqu'on y perçoit déjà des centimes additionnels.

de la propriété indigène étant achevée depuis 1893 et les centimes extraordinaires continuant à être perçus, un décret du 16 novembre 1902 les a affectés à des œuvres d'assistance musulmane. Mais cette affectation n'est faite que pour la seule année 1903.

La propriété bâtie n'est imposée en Algérie que depuis 1885 ; à l'origine cette contribution, dont le produit se partageait entre le département et les communes, consistait uniquement en centimes additionnels calculés sur un principal fictif de 5 0/0 du revenu net. A partir de 1892, on fit payer le principal : mais alors que les centimes sont calculés sur un principal fictif de 5 0/0 du revenu net, le principal réel n'est que de 3 fr. 20 0/0 de ce revenu. L'exemption de l'impôt est accordée aux constructions neuves pendant cinq ans. Les difficultés d'application ont été grandes et il arrivait souvent que les habitations indigènes, dont le propre n'est pas la stabilité, étaient introuvables ou en ruines quand, cinq ans après le recensement, l'impôt devenait exigible et surtout il était difficile de calculer le revenu net d'un gourbi dont la construction n'avait coûté qu'un peu de travail. Aussi, dans leurs séances du 19 juin et du 7 novembre 1901, les Délégations financières avaient demandé l'exemption pour les gourbis « en pierres sèches, en roseaux, en perches ou en diss » ; une circulaire du 24 août 1902, prenant en considération ce vœu, a décidé que « les gourbis ne sont imposables à cette contribution que s'ils sont fixés au sol à perpétuelle demeure par une maçonnerie quelconque ».

Restent enfin les prestations ; elles sont de trois jours pour la voirie départementale, mais les communes ont la faculté d'instituer une quatrième journée pour les chemins ruraux. Les tarifs sont : pour les hommes, de 6 à

8 francs, pour les chevaux de 6 à 9 ; de 6 francs par mulet et 1 fr. 50 par âne. Les bœufs qui étaient imposés à 4 fr. 50, sont exemptés par le décret du 15 juin 1899 quand ils servent au labour.

Il convient maintenant d'étudier le fonctionnement de ces impôts, c'est-à-dire le recensement de la matière imposable, la confection des rôles et le recouvrement. Les impôts arabes sont perçus en principe sur rôles individuels ; les matrices en sont établies, en territoire civil, par le cadre local des répartiteurs des contributions directes ; en territoire militaire, par les officiers des affaires indigènes. Les adjoints indigènes ou caïds collaborent à cette œuvre de recensement par la confection de listes préparatoires, dressées d'après les déclarations des contribuables intéressés. Le répartiteur opère le recensement par des tournées. Dans les départements d'Oran et d'Alger, il doit effectuer deux tournées pour l'achour, une pour estimer le nombre de charrues emblavées, une pour classer ces charrues suivant le rendement présumé de la récolte ; une troisième tournée supplémentaire, dite de vérification, leur est prescrite par leurs instructions : enfin, ils doivent recenser les bestiaux soumis au zekkat.

Pratiquement, ces tournées se font de la manière suivante. A une époque aussi rapprochée que possible du 1er janvier et ordinairement en décembre, dit la circulaire gouvernementale du 31 mai 1887, les répartiteurs se transportent dans les douars pour y recueillir, en présence de la djemmaa, les déclarations des contribuables, tant au sujet du nombre de charrues ensemencées, qu'à celui du nombre des bestiaux imposables. Ces deux opérations se font donc en même temps. Pratiquement, les répartiteurs recensent les bestiaux soumis au zekkat en prenant communication des listes dressées par l'adjoint indigène et en notant les réclamations. Après cette tournée de recensement, les répartiteurs font à l'improviste des tournées de vérification pour se rendre compte des dissimulations de la matière imposable. Ils font enfin, mais dans les départements d'Alger et d'Oran seulement, une troisième tournée dite de classement. Ils s'informent auprès des notables indigènes, des autorités locales ou des colons européens, des prévisions concernant la récolte. A l'aide de ces données et guidés par leur expérience personnelle, ils déterminent la note générale de classement, puis ils examinent, sur les indications qui leur sont publiquement fournies par les indigènes, celles des notations individuelles qu'il convient de majorer ou d'atténuer, en raison de circonstances particulières. Cette tournée de classement se fait de mai à juillet.

Munis de tous ces renseignements, les répartiteurs établissent les matrices ; celles-ci restent exposées 20 jours à la mairie ou à la commune mixte, pour permettre aux réclamations de se produire. Les réclamations, accompagnées des observations des autorités locales, sont transmises au directeur des contributions directes qui statue, sur rapport du répartiteur et de son inspecteur (arrêté gouvernemental du 15 novembre 1884). Le gouverneur peut d'ailleurs toujours accorder des dégrèvements et des remises (arrêté ministériel du 19 février 1859 ; décret du 12 avril 1897), mais ce ne sont là que des recours gracieux, le contentieux est du ressort du Conseil de préfecture (décret du 7 juillet 1864). Les dissimulations qui ont pu être constatées par le répartiteur font l'objet d'un rapport et l'infraction est de celles punies par le Code de l'indigénat, c'est-à-dire par les juges de paix en territoire de plein exercice (décret du 11 septembre 1874) et les administrateurs en territoire mixte (loi du 21 décembre 1897). Les peines ne peuvent dépasser 5 jours de prison ou 15 francs d'amende ; elles peuvent être converties en prestations en nature (loi du 21 décembre 1897). Quand les matrices sont définitivement arrêtées, les rôles sont établis dans les chefs-lieux de département, à la direction des contributions directes. En novembre ou décembre, cette administration dresse les rôles des prestations, en avril et mai, ceux du zekkat et de la lezma ; en juillet et août enfin, ceux de l'achour. Cette même administration procède à la cotisation, c'est-à-dire au calcul de ce que doit chaque contribuable et rédige ensuite les avertissements.

Quand les rôles ont été rendus exécutoires par les préfets ou par les généraux (arrêté ministériel du 19 février 1869), l'administration des contributions diverses en opère le recouvrement (ordonnance du 2 janvier 1846). L'indigène a reçu ses avertissements dûment résumés en arabe (ordonnance du 26 septembre 1842 ; circulaire ministérielle du 21 février 1859), soit par l'intermédiaire de la poste, soit par celui des adjoints indigènes (circulaire du 10 décembre 1880). S'il est vrai que chaque impôt a son rôle, chaque article de rôle n'entraîne pas un avertissement distinct. Une heureuse tendance à la simplification s'est manifestée et autant que faire se peut, on inscrit sur un seul avertissement toutes les sommes dues. Il faut alors payer. Les taxes municipales (loyers, chiens, prestations, propriété bâtie) sont payées à la résidence du receveur. Pour les impôts dits arabes, au contraire, il est de principe que le receveur se déplace, accompagné de l'administrateur ou d'un de ses adjoints et escorté de cavaliers : il va de tribu en tribu, de caïd en caïd, faire rentrer les deniers. Mais comme tout principe, celui-ci a ses exceptions et dans un grand nombre de communes, la perception se fait au siège de la recette. Les adjoints indigènes sont prévenus de la date à laquelle ils auront à amener les contribuables de leur douar commune. Chaque berger vient avec son troupeau, campe sous le guichet et les burnous se succèdent, tentant en vain d'apitoyer le beylik, de le marchander ou de le tromper.

La répartition du produit de l'impôt importe peu au contribuable ; il est important cependant de noter que les chefs indigènes reçoivent le dixième du principal des impôts arabes, perçus en territoire mixte ou militaire (ordonnance du 17 janvier 1845, décision du 8 juillet 1890). Cette part dans les impôts constitue leur seule rétribution. Tel est l'exposé aussi succinct et aussi précis que possible du système des contributions arabes, pour lequel nous avons fait de larges emprunts aux très complètes notices publiées par le Gouvernement Général de l'Algérie.

II

Il est un fait dont la constatation doit précéder toutes les critiques : le rendement des impôts arabes diminue. Cette diminution est accusée pour les vingt dernières années, non seulement par le rendement général des impôts arabes, mais encore par le rendement particulier de chacun d'eux.

Voici d'abord les chiffres du rendement général :

1re Période : 1883 à 1887. Cette période peut être considérée comme au-dessous de la normale ; les deux arrêtés du 9 septembre et du 20 septembre 1886 qui, respectivement, relèvent les tarifs de la lezma de Grande-Kabylie et étendent l'achour aux cultures autres que le blé et l'orge, n'ont pu avoir leur effet que sur une seule année :

Rendement moyen, centimes compris : 18.816.965 fr. (maximum : 20.401.408 francs en 1887 — minimum : 16.856.848 francs en 1883) ;

2ᵉ Période : 1888 à 1892. Un rendement moyen, égal au rendement de l'année 1887, indiquerait un état stationnaire, mais la baisse s'accentue.

Rendement moyen, centimes compris : 18.540.077 fr. (maximum : 20.454.401 francs en 1888 — minimum : 17.143.805 francs en 1892) ;

3ᵉ Période : 1893 à 1897. Un nouveau relèvement des tarifs de la lezma est intervenu en 1894. Son seul effet a été d'enrayer la baisse pour l'année 1895.

Rendement moyen, centimes compris : 17.177.770 fr. (maximum : 18.285.386 francs en 1893 — minimum : 16.223.088 francs en 1897) ;

4ᵉ Période : 1898 à 1902. Malgré les années exceptionnellement heureuses de 1900 à 1902 la baisse continue.

Rendement moyen, centimes compris (1) : 16.978.879 fr. (maximum : 17.736.425 francs en 1902 — minimum : 15.728.460 francs en 1897).

En vingt années donc, la moyenne annuelle du rendement des impôts arabes a baissé de près de deux millions

(1) M. Maris, rédacteur au Gouvernement Général de l'Algérie, à la bienveillante obligeance duquel nous devons la communication des chiffres pour 1902, nous a fait remarquer que le total indiqué pour cette année ne comprenait que les centimes communaux en plus du principal. Il est donc probable que l'année *exceptionnellement heureuse*, 1902, ait atteint les chiffres *moyens* de la période 1883-1887.

soit près de 10 0 0. Mais il importe de se rendre compte que cette baisse n'est pas due au fléchissement d'une seule taxe, qu'au contraire elle est générale pour tous les impôts arabes.

I. — Achour et hokor.

1re Période : 1883-1887. Charrues imposées, moyenne : 167.055 (maximum : 171.883 en 1887 — minimum : 159.970 en 1883). Rendement moyen : 6.958.545 francs (maximum : 7.111.429 en 1887 — minimum : 6.401.162 en 1883).

L'arrêté du 20 septembre 1886, étendant l'assiette de l'achour, provoque en 1887 une augmentation de 5.000 charrues et de 100.000 francs.

2e Période : 1888-1892. Charrues imposées, moyenne : 162.973 (maximum : 165.680 en 1888 — minimum : 159.943 en 1889. Rendement moyen : 6.466.470 francs (maximum : 6.823.201 en 1889 — minimum 5.848.643 en 1892).

3e Période : 1893-1897. Charrues imposées, moyenne : 158.989 (maximum : 164.526 en 1893 — minimum : 151.361 en 1897). Rendement moyen : 5.831.569 francs (maximum : 6.347.784 en 1894 — minimum : 5.036.775 en 1897).

4e Période : 1898-1902. Les années exceptionnellement heureuses de 1900 à 1902 enrayent la baisse ; le rendement moyen s'élève à 6.315.025 francs (maximum : 6.888.008 en 1900 — minimum : 5.450.992 en 1899).

Mais même en tenant compte de cette hausse passagère, on constate que le rendement annuel des impôts achour et hokor a baissé de plus de 300.000 francs en 20 ans, soit près de 5 0/0.

II. — Zekkat. Les chiffres ne sont guère plus consolants.

1re Période : 1883-1887. La progression est magnifique

et régulière ; de 11.912.739 animaux imposables en 1883, on s'élève par bonds annuels de plus d'un million de têtes à 17.620.805 unités imposables en 1887 ; moyenne quinquennale : 14.365.823 têtes, et l'impôt qui en 1883 ne rendait que 5.556.426 francs, s'élève en 1887 à 7.884.845 fr. ; moyenne : 6.652.822 francs.

2ᵉ Période : 1888-1892. C'est l'arrêt précurseur du recul. Unités imposables, moyenne : 14.223.726 têtes (maximum : 16.930.768 en 1888 — minimum : 13.033.564 en 1891), mais le rendement moyen est encore supérieur à celui de la période précédente ; moyenne : 6.925.715 francs (maximum : 7.794.308 en 1888 — minimum : 6.556.464 en 1891).

3ᵉ Période : 1893-1897. Unités imposables, moyenne : 11.934.794 têtes (maximum : 14.147.623 en 1893 — minimum : 10.979.586 en 1896). Rendement moyen : 5.926.025 francs (maximum : 6.735.505 en 1893 — minimum : 5.551.550 en 1896).

4ᵉ Période : 1898-1902. Rendement moyen : 5.519.918 fr. (maximum : 5.807.673, en 1902 — minimum : 5.211.577 en 1900). En 20 ans le rendement annuel de cet impôt a baissé de près d'un million et demi de francs, soit de plus de 20 0/0.

III. — Lezma. Mais les plus intéressants sont les chiffres de la lezma de Grande-Kabylie. Si le pays n'est pas riche, il est en revanche peuplé d'habitants industrieux et l'impôt étant de capitation n'est pas sujet aux incertitudes de la récolte.

1ʳᵉ Période : 1883-1887. Imposés, moyenne : 85.357, (maximum : 88.169 en 1887 — minimum : 81.440 en 1883). Rendement moyen : 874.738 francs (maximum : 994.080 en 1887 — minimum : 816.050 en 1883).

Les effets de l'arrêté du 9 septembre 1886, remplaçant les trois classes d'imposables à 15, 10, 5 francs par les cinq classes à 100, 50, 15, 10, 5 francs se sont fait sentir pendant l'année 1887 et ont provoqué une hausse de plus de 100.000 francs.

2e Période : 1888-1892. Imposés, moyenne : 87.930 (maximum : 88.394 en 1890 — minimum : 87.413 en 1892). Rendement moyen : 962.340 francs (maximum : 993.015 en 1888 — minimum : 922.165 en 1892).

Ces résultats qui sont supérieurs à ceux de la période précédente ne sont satisfaisants qu'en apparence. L'effet de l'arrêté de 1886 sera tout aussi court qu'il aura été énergique ; déjà les chiffres de 1891 et de 1892 sont en baisse sur ceux de 1887 et de 1888 et malgré la création d'une nouvelle classe de contribuables à 30 francs (arrêté du 31 décembre 1894) la chute se précipitera.

3e Période : 1893-1897. Imposés, moyenne : 85.063 (maximum : 86.273 en 1895 — minimum : 83.988 en 1897). Rendement moyen : 874.494 francs, soit une diminution de plus de 100.000 francs sur la période précédente. En 1897 donc, malgré deux relèvements de tarifs la situation est plus précaire qu'en 1887.

4e Période : 1898-1902. Rendement moyen : 816.349 fr. (maximum : 855.290 en 1898 — minimum : 800.165 en 1902). En vingt ans donc, malgré les relèvements de tarifs de 1886 et de 1894 la baisse est de près de 60.000 francs, soit de plus de 6 0/0. Mais ce qui est surtout inquiétant, c'est que la diminution du nombre d'imposés porte sur les classes aisées, et nous entendons par là celles dont la cote est de 100, 50, 30 ou 15 francs ; c'est ainsi qu'en 1887 la proportion des contribuables aisés était de 35 0/0 environ (31.255 sur 88.469) en 1892, elle n'était

plus que de 33 0/0 (28.873 sur 87.413) et de 28 0/0 seulement
en 1897 (23.658 sur 84.678), en 1902 enfin, cette proportion était de 20 0/0 (17.956 sur 89.157). Quant aux lezmas
de répartition (lezma fixe ou lezma des feux), cette dernière
a légèrement augmenté ; de 200.000 francs elle a progressé à 250.000 francs ; la lezma fixe est toujours d'un peu
moins de 300.000 francs. La baisse constante du rendement des impôts arabes est donc un fait incontestable
et c'est vouloir se leurrer que de parler seulement de
variations. Même des années exceptionnellement heureuses comme le furent les dernières, n'ont pu ramener les
rendements moyens d'il y a vingt ans.

Il faut rendre cette justice à l'administration algérienne
que de tous temps elle s'est préoccupée des impôts arabes ;
une quinzaine de commissions ont apporté leurs lumières
sur la question, de 1847 à 1902 et quoiqu'elles fussent
toutes composées de fonctionnaires, elles n'ont pas ménagé
leurs critiques. « Au point de vue économique, écrit
le directeur général des contributions à Alger en 1872,
les impôts arabes atteignent la matière imposable de la
manière la plus inégale et la plus arbitraire, frappent
quelques-uns des revenus de la terre, tels que les récoltes
de céréales dans des proportions parfois exorbitantes...,
constituant même une sorte de prime indirecte à l'inculture par l'insuffisance des taxes appliquées sur certains
animaux qui vivent autant sur les jachères que sur les terrains uniquement propres à la dépaissance, les chèvres et les
moutons, tandis que les bœufs, instrument indispensable
de travail, sont taxés à un taux excessif... Tous ces inconvénients de principe, qui tiennent en quelque sorte à
l'essence même de l'impôt arabe, viennent dans la pratique se compliquer de l'imperfection des méthodes d'as-

siette et de recouvrement employées ; l'absence de tout contrôle sérieux et efficace sur le travail de la constatation de la matière imposable abandonné aux caïds. . etc... etc... » Plus bref et plus catégorique, M. Clamageran dit dans son rapport au Sénat : « Si l'on se place à un point de vue idéal, on peut dire que le vice essentiel des impôts arabes et kabyles est leur existence même. » Malgré toutes ces critiques le système a survécu. L'administration algérienne, qui en politique indigène s'est si rarement inspirée du passé et des traditionnels usages des indigènes, qui notamment a bouleversé le système foncier, profondément remanié les lois de compétence, s'est montrée en la matière d'une excessive prudence ; elle s'est abstenue, n'étant pas sollicitée par le parti de la colonisation. Elle paraît craindre tous les mécontentements et redouter toutes les révoltes si elle modifiait le régime financier et les seuls changements qui lui aient paru compatibles avec le respect des traditions, ont été des relèvements de tarifs.

Ce qui frappe à première vue dans ce système et ce qui frappe d'une manière choquante c'est l'inégalité des charges supportées par les contribuables. Déjà nous avons signalé ces communes du Sud où se cumulent trois ou quatre impôts, alors que le Tell n'en paye que deux et l'injustice qu'il y a à imposer d'une ou de deux lezma's certaines communes kabyles du département de Constantine, alors que vingt-sept autres communes du Tell constantinois ne sont soumises qu'à l'achour et au zekkat. Déjà en 1852, on constatait que la tente qui payait en moyenne 29 francs à Bône, n'était taxée qu'à 25 francs à Sétif, 16 à Batna et 11 à Constantine ; en 1859, la charrue qui payait en moyenne 55 francs dans le territoire civil d'Alger et 56 francs dans celui d'Oran, n'en payait que 43 dans le territoire militaire de ces deux provinces et 25 seulement dans le territoire civil de Constantine. De nos jours les choses n'ont pas changé ; la Commission d'études de 1892 constate que la charrue imposée à 49 francs dans le département d'Oran, ne l'est qu'à 40 dans celui d'Alger et à 36 fr. 75 dans celui de Constantine et, ajoute-t-elle : « Ces résultats sont d'autant plus fâcheux que la province d'Oran est certainement la moins favorisée des trois au point de vue climatérique, alors que celle de Constantine est au contraire dans les conditions les plus favorables, soit comme fertilité de terres, soit comme quantité annuelle de pluies. » Et l'on peut multiplier ces exemples. Ainsi l'indigène qui paie, pour une charrue classée très bonne, 88 francs dans les départements d'Oran ou d'Alger, n'en paie que 25 à Sétif ou à Constantine où l'achour est l'unique impôt de culture et 45 francs dans les régions soumises en outre au hokor ; de même le kabyle s'il n'a pas plus de 2.400 francs de revenu brut ne paiera que 50 francs de lezma, mais l'arabe paiera en achour et en zekkat une somme au moins égale pour un revenu de 1000 francs (50 quintaux à 20 francs), que lui rapportera sa charrue de 10 hectares (1).

Mais il ne faut pas s'en tenir à cette observation géné-

(1) M. Bouzein relève deux douars voisins où l'on paie respectivement 0 fr. 658 et 3 fr. 953 par tête. M. Clamageran indiquait que pour figurer dans la classe des plus imposés de la lezma de capitation il fallait avoir 4.000 francs de revenu à Fort-National, 3.000 seulement à Tizi Ouzou, 2.000 à Dellys, 1.500 à Dra el Mizan et 1.000 à Bouira. Depuis, le chiffre adopté a été unifié ; figurent dans la classe des plus imposés tous ceux dont le revenu est supérieur à 2.400 francs.

rale et l'examen des contributions arabes nous obligera à signaler des vices plus regrettables.

Les critiques les plus nombreuses sont celles qui visent l'achour. La Commission d'études de 1892 s'exprime très vivement sur cet impôt. « Là, sauf le principe de la taxe, tout prête à critique ; inégalité choquante dans le quantum, bases d'assiette différant absolument d'une province à l'autre, complication extrême dans l'évaluation des éléments imposables, tarifs de conversion arbitraires, telles sont les principales défectuosités de l'achour, qu'il faut modifier assez profondément si l'on veut en faire ce qu'il doit être ; c'est-à-dire un impôt pesant d'une façon à peu près égale sur tous les cultivateurs. » La complication des éléments imposables est peut-être plus une qualité qu'un défaut ; le caractère fragile et les rendements variables de la culture arabe se prêteraient mal à des tarifs immuables. L'exemple de Constantine, où chaque année les dégrèvements dépassent 150.000 francs, doit être un enseignement. La Commission de 1892 d'ailleurs, ni celle de 1902, ni surtout les intéressés (Délégations financières, section arabe, séance du 20 décembre 1898) n'ont demandé ces tarifs fixes et de toutes ces critiques nous n'en retiendrons que trois : nous établirons d'abord que l'échelonnement des taux est un obstacle insurmontable à une production rationnelle, nous constaterons surtout l'exagération des taux que paient les fermiers et l'arbitraire des tarifs de conversion.

L'unité imposable est la charrue. Le cultivateur indigène a donc intérêt à diminuer le nombre de charrues, en d'autres termes à ensemencer, dans un minimum de temps, une superficie aussi grande que possible. Si, par exemple, nous supposons l'indigène propriétaire d'un champ de

36 hectares, il ne paiera que trois fois la taxe s'il est parvenu à ensemencer une charrue de 12 hectares et au contraire quatre fois, s'il n'a pu en emblaver qu'une de 9. Conséquence : l'indigène a intérêt à labourer superficiellement, il faut avant tout aller vite ; peut-être s'il allait plus lentement, le labour plus profond, lui assurerait une récolte plus abondante, mais ce n'est là qu'une probabilité, alors que l'augmentation de sa cote d'achour est une certitude. Supposons notre homme éclairé et audacieux. Il est convaincu qu'en labourant mieux, il récoltera plus et cette conviction est si grande, qu'il risque sa chance et augmente le nombre de charrues imposables en les labourant avec plus de soin. Le voici outillé à l'européenne, la proportionnalité de l'achour aura tôt fait de le dégoûter du progrès. Sa charrue sera de 10 hectares. D'après M. Varlet, un notable colon, ancien président de Comice agricole et auteur d'une brochure sur les céréales d'Algérie, que le Gouvernement Général a fait paraître à l'occasion de la dernière Exposition Universelle, notre fellah, outillé à l'européenne, dépensera pour la mise en valeur de sa terre à céréales, 170 francs par an et par hectare, soit pour ses 10 hectares 1,700 francs. Toujours d'après M. Varlet, la récolte moyenne est de 11 quintaux à l'hectare, vendus au prix moyen de 18 francs le quintal, soit pour 10 hectares, 110 quintaux, valant 1,980 francs. Bénéfice : 280 francs. Comme une charrue produisant 11 quintaux est classée très bonne, le fellah paie 88 francs d'achour pour ses dix hectares. Ainsi donc dans l'hypothèse la plus favorable, le fellah abandonne le tiers de son revenu au fisc, car il faut tenir compte du sekkat et des prestations.

Mais il est probable que notre fellah, dans les premières

années surtout, n'obtiendra pas les mêmes rendements que son voisin européen, peut-être ses terres seront plus mauvaises, en tous cas, il n'a ni les connaissances techniques, ni l'expérience du colon. Il se peut aussi que la récolte moyenne de 11 quintaux ne soit pas atteinte par suite d'intempéries, siroccos, gelées, grêle, sécheresse et supposons donc le rendement réduit à 10 quintaux pour une de ces causes. 10 hectares à 10 quintaux donnent 100 quintaux qui, vendus à 18 francs, représentent 1.800 francs, ce sont les recettes ; 10 hectares à 170 francs de frais annuels, soit 1.700 francs, ce sont les dépenses ; bénéfice, 100 francs ; mais cette récolte de 10 quintaux, entraîne toujours la note très bonne, elle est exceptionnellement élevée pour un indigène. Notre fellah continue donc à payer 88 francs d'achour ; il lui reste 12 francs et, pour peu qu'il ait 4 bœufs de labour imposés 3 francs au zekkat, il devra emprunter pour payer les centimes additionnels. Et certes l'hypothèse n'a point été forcée, le rendement aurait pu être inférieur à dix quintaux sans que la charrue cessât d'être très bonne. L'indigène serait fou en vérité, de tenter l'entreprise et de risquer le progrès ; son intérêt bien entendu lui commande d'écorcher à peine la terre, de ne pas l'asservir, la contraindre à produire, mais de l'y solliciter seulement. Sa récolte sera moindre, mais son impôt aussi, et surtout le seront ses frais et ses peines.

L'absurdité des tarifs d'achour n'est qu'un palpable effet d'une méthode trop rigoureuse appliquée aux sciences économiques. On a voulu trouver une vérité absolue, on a raisonné par syllogismes : résultat fatal dans une science de contingences, on est tombé dans l'erreur. La tarification de l'achour se justifie aisément si l'on suppose une seule cause à la production : les agents naturels. La nature

a donné quatre quintaux à Ali, elle en a donné huit à
Mansour ; il est juste que le fisc prenne une part de ces
libéralités et équitable, puisque Mansour a été deux fois
plus favorisé qu'Ali par la nature, qu'à son tour le fisc
favorise deux fois plus Ali que Mansour. La vérité n'est
pas si absolue. Une récolte, même en Algérie, où la nature est généreuse et l'homme seul indolent, ne s'obtient
pas sans un léger effort. Il eût été sage d'en tenir compte,
d'avoir su prévoir l'avenir ou simplement d'oser espérer
le moment où l'indigène demanderait au travail un supplément de richesse. Il est douloureux de constater qu'à
l'heure actuelle des améliorations soient empêchées par
une absurde prévention, que le progrès des miséreux soit
entravé par des lois françaises et que l'impôt, au lieu
d'être calculé sur le revenu, le soit sur le travail. On n'a
voulu tenir compte que du revenu brut, il aurait fallu
en faire l'analyse, distinguer dans la récolte la part due à
la virginité du sol et l'imposer et, si ensuite on voulait
imposer la part due au travail, encore aurait-on dû se
souvenir que la récolte ne s'accroît pas en raison directe
de l'effort et que souvent le paysan sue le décuple pour
n'obtenir que le double, si ce n'est même la moitié.

Mais l'absurdité devient odieuse sur les terres louées.
Le khammès, le métayer ne paient qu'une partie de
l'impôt, l'autre étant supportée par le propriétaire ou
abandonnée par l'Etat suivant que le propriétaire est indigène ou européen ; mais par une bizarrerie inexplicable,
le preneur à bail ne jouit d'aucune réduction et paie l'a-
chour comme s'il était maître du terrain dont il n'est que
le locataire. L'exemple suivant est emprunté à la réalité.
Un indigène loue 20 hectares au prix de 10 francs par hectare et par an ; 10 hectares sont emblavés, 2 sont plantés

en fèves et en pois, le reste est en jachères. Cet homme paie 96 fr. 62 d'achour, se décomposant ainsi : pour les céréales, 66 francs en principal, 14 fr. 52 en centimes, total, 80 fr. 52 ; pour les fèves, 4 fr. 95 en principal, 1 fr. 09 en centimes, total 6 fr. 04 ; pour les pois, 8 fr. 25 en principal, 1 fr. 84 en centimes, total, 10 fr. 06. A cela il faut ajouter son prix de location, soit 200 francs par an, son zekkat car il a des bestiaux, ses prestations, sa propriété bâtie et l'on saura qu'avant de se nourrir, ce fellah qui n'est pas riche et qui est laborieux devra rassembler plus de 300 francs d'argent comptant.

Enfin et ce sera la dernière critique que nous ferons à l'achour, les tarifs de conversion en argent sont arbitraires. Il est naturel qu'un producteur préfère s'acquitter de ses taxes en produits qu'en argent ; les bénéfices de la vente sont aléatoires ; mais cela est surtout vrai du petit producteur qui vend difficilement sa marchandise, parce qu'il la produit en trop petite quantité et qui, produisant pour consommer seulement, ne consomme que ce qu'il produit. Le fellah est un de ces petits producteurs : si on lui permettait de s'acquitter en nature, il consommerait un peu moins, c'est-à-dire qu'il se priverait du superflu, en lui demandant de l'argent au contraire, on le prive du nécessaire. Il semble qu'en établissant les tarifs de conversion en argent on eût pu tenir compte de ces considérations et fixer les taux légèrement au-dessous du cours. Par une étrange aberration ils sont aujourd'hui au-dessus. Le cours est en effet immuablement fixé à 22 francs pour le blé et à 11 francs pour l'orge ; le cours du blé notamment est manifestement exagéré. Le prix de 22 francs se paie quelquefois sur la place, mais depuis nombre d'années les producteurs indigènes surtout, dont le blé est trop souvent de qualité inférieure, n'ont obtenu pareille rémunération. M. Varlet, à la compétence duquel nous avons déjà fait appel, fixe le cours moyen du prix payé au producteur à 18 francs le quintal.

Quant au zekkat, si son organisation rudimentaire le met à l'abri de bien des critiques, il est permis encore de trouver ses tarifs beaucoup trop élevés. Dans une de ses lettres sur l'Algérie, l'Empereur cite l'exemple suivant : « Le propriétaire d'un troupeau de gros bétail composé de 42 têtes par exemple, aura à payer 147 francs. Son troupeau se compose par tiers de veaux, de vaches et de bœufs. Les veaux valent 17 fr. 50, les vaches 50 francs, les bœufs 75 francs, la valeur totale du troupeau sera donc de 1.995 francs, et l'impôt est presque le dixième de la valeur totale, tandis qu'il ne devrait être que le dixième du produit, c'est-à-dire d'environ 42 francs en évaluant à 10 francs par an en moyenne le produit de chaque tête de gros bétail, chiffre déjà assez élevé » (1). Mais ici encore il nous faut relever les entraves opposées par la tarifica-

(1) « Il paraît utile avant d'aller plus loin de faire ressortir la disproportion existant entre l'achour et le zekkat, qui lui-même est cependant déjà assez lourd. Ainsi un indigène possédant 10 bœufs d'une valeur de 90 francs, soit 900 francs ; 60 moutons à 15 francs, soit 300 francs ; 10 chèvres à 8 francs, soit 80 francs, total : 1.880 francs, paie en zekkat 3 francs par bœuf, soit 30 francs ; 0 fr. 20 par mouton, soit 12 francs ; 0 fr. 25 par chèvre, soit 2 fr. 50 et 3 fr. 75 de centimes additionnels, soit, total général : 54 fr. 25. Le même indigène, pour une récolte produisant une pareille somme de 1.880 francs paiera le 1/10 soit 188 fr., et 22 centimes additionnels, 41 fr. 36, soit, total général : 223 fr. 36. Et dans cet exemple on admet que l'évaluation de la récolte a été consciencieusement et raisonnablement faite, or combien de fois n'arrive-t-il pas que le malheureux arabe paie non le 1/10, mais le 1/5 de la récolte (Administrateur de Cacherou (Oran), *Documents de l'enquête sur la protection de la propriété indigène*).

tion du zekkat au progrès. Supposons un indigène possesseur de 900 francs ; pour ce prix il pourra acquérir 10 bœufs à 90 francs ou au contraire 60 moutons à 15 fr. Ceux-ci lui donneront fort probablement un revenu supérieur à ceux-là ; il les fera paître à peu de frais sur les plateaux et comme la race est robuste, il vendra son troupeau avec un bénéfice léger mais appréciable au boucher, après avoir retiré le prix de la laine. Des bœufs, au contraire, ne lui donneront d'autres revenus que d'hypothétiques locations à des indigènes laboureurs, et comme l'élève pour la boucherie est un art difficile que l'arabe ignore et pour la pratique duquel il lui manque des pâturages, il est certain que le prix de vente de son bétail, amaigri et mal soigné, balancera à peine le prix d'achat. Si même on admet les revenus du cheptel bovin égaux à ceux d'un troupeau de moutons, le bœuf, animal de culture, aurait dû être favorisé par rapport au mouton, animal de parcours. On reproche à l'indigène ses mœurs pastorales, il semblerait logique qu'on l'aidât à s'en défaire. Or voici les cotes du zekkat : 10 bœufs paient 30 francs en principal et 6 fr. 60 en centimes, soit 36 fr. 60 ; 60 moutons paient 12 francs en principal et 2 fr. 64 en centimes, soit 14 fr. 64. L'exemple est frappant et malheureusement les résultats ne se sont pas faits attendre (1).

Les plaintes sont tout aussi unanimes pour la lezma ; les Kabyles se plaignent de trop payer et l'administration se plaint de ne pas assez recevoir. Pour ne pas payer cette taxe régionale il suffit de ne pas habiter la Kabylie ; c'est une

(1) Encore supposons-nous que ces bœufs servent au labour, sinon ils seraient aussi taxés à la prestation, soit 4 fr. 50 par an et par bœuf ; les dix bœufs paieraient alors 36 fr. 60 de zekkat et 45 francs de prestations, soit 81 fr. 60.

exemption fâcheuse, il y a des surcroîts de charges qui ne le sont pas moins. « Cet impôt de capitation, dit la Commission de 1892, ne tient compte qu'en apparence du degré d'aisance du contribuable puisqu'une famille pauvre, si elle a dix enfants ou plus, est imposée autant qu'une famille sans enfants de la 5e ou de la 6e catégorie, c'est-à-dire riche ou très riche. Cet impôt augmente donc pour ainsi dire en raison directe des charges, ce qui est un contre-sens. » Pour parer au mal la Commission propose un remède que son héritière de 1902 accueille avec empressement. Il faudrait faire de la lezma un impôt de réparti-tion. Ce n'est point ici le lieu d'examiner ce que valent les impôts de répartition, mais quel douloureux aveu d'im-puissance dans cette abdication ! La répartition de l'im-pôt que l'administration algérienne trouvait trop lourde, elle pensait s'en décharger sur des populations dont notre malheureuse politique d'assimilation a miné la forte et vertueuse organisation. Oubliait-on qu'il est impossible à un Oriental de détenir une parcelle du pouvoir sans en abuser ? et que la gérance des finances publiques est pour lui la pente fatale vers les concussions ? Quelle humilia-tion, quand les populations elles-mêmes durent nous rap-peler leurs défauts et nos devoirs ? Le 6 juin 1902, le rap-porteur du projet à la section kabyle s'exprimait ainsi. « J'estime qu'à cause des mœurs kabyles et de l'esprit de particularisme dont les gens sont animés, les djemmaa's actuelles ne peuvent avoir la force morale et l'indépen-dance nécessaires pour mener à bonne fin et consciencieuse-ment la tâche hérissée qu'on veut leur attribuer, et les rancunes sont tellement vives, que les membres des djemmaa's ne s'exposeront pas volontairement à se les attirer. » Il faut espérer que l'administration algérienne ne sera pas réduite à une aussi fâcheuse extrémité.

Il est un seul impôt — le plus impopulaire — auquel on a dans ces dernières années apporté quelques modifications; c'est l'impôt des prestations ; un décret du 15 juin 1899 en a exempté les bœufs de labour (1) déjà imposés au zekkat et ce même texte dispose, que si le prestataire a plus de quatre kilomètres à faire pour rejoindre son chantier, le temps qu'il mettra à aller au travail sera déduit de la journée. On ne peut que regretter l'application intermittente de ce texte et déplorer surtout que l'administration persiste dans certaines régions à faire payer les indigènes en argent, sans les prévenir qu'ils peuvent s'acquitter en nature.

Mais combien ces critiques contre l'assiette des impôts arabes vont-elles paraître pâles à côté de celles que suscite la mise en recouvrement ; la trop grande facilité des fraudes, l'insuffisance des répartiteurs et par suite les abus des adjoints indigènes, enfin, les complications dans le paiement sont les principales de ces critiques.

(1) M. Aïtmahdi Ahmed a fait dans la séance du 10 décembre 1898 de la délégation kabyle une vive critique de cet impôt. L'administration ingénieuse, avait assimilé les bœufs à des bêtes de somme, mais le bœuf porteur n'existe pas en Algérie et le bœuf de trait, rare d'ailleurs ne se rencontre que devant les lourdes charettes des colons. « En matière de prestations, dit M. Aïtmahdi, je demande le dégrèvement pur et simple des bœufs de labour ; les bêtes n'étant pas attelées ne font aucun mal aux routes — il faudrait en avoir des routes — et ne peuvent même pas exécuter les travaux auxquels on les astreint, l'indigène n'ayant ni charrette, ni aucun instrument de ce genre. Aussi dans certaines parties de la Kabylie est-ce le propriétaire et non le bœuf qui fait la prestation. Dans d'autres endroits cette taxe est acquittée en argent. Mais dans les deux cas le fellah kabyle ne comprend pas une imposition qui ne repose sur aucun principe. » C'est au gouverneur Laferrière que revient l'honneur d'avoir permis à de telles plaintes de se faire entendre et d'avoir mis fin à de telles mesquineries.

Tout contribuable fraude ou essaie de frauder, et ce n'est certes pas l'indigène algérien qui fera exception à la règle. Si même l'impersonnalité de l'Etat volé ne suffisait pas à ses yeux à l'absoudre, encore, en volant le beylik ne volerait-il qu'un chrétien. D'ailleurs, la taxe est lourde et il est si aisé de s'y soustraire. Il suffit de pousser ses troupeaux dans la broussaille et quant aux cultures, le répartiteur ne fait que passer et il passe si vite. Le tout est de ne pas être trahi. Ce sont alors de savantes précautions. Leurs ancêtres leur ont laissé les ruses dont ils usaient pour jouer les Turcs. Des enfants sont placés sur les montagnes pour signaler l'arrivée du fonctionnaire et quand celui-ci fait son entrée au douar, tout ce qu'on aura pu cacher l'aura été, et pour le reste on aura préparé de longue main tout un complexe tissu de mensonges qu'il faudrait un mois pour démêler, en admettant même que l'ignorance simulée ou réelle, le défaut de compréhension des indigènes, permissent d'y arriver jamais. Si même la fraude est découverte qu'importe ! la peine est ridicule : de 1 à 15 francs d'amende ou de 1 à 5 jours de prison, et de quelle prison ! Un délégué financier M. Garau, nous donne une agréable peinture de ces prisonniers « assis sur des nattes devant la porte de la geôle et qui, grâce à la complicité des chaouchs et à l'indifférence des administrateurs, ont la faculté de fumer, de prendre du café ou même de recevoir la nourriture du dehors ;.... il en est qui envoient des khammès ou des parents s'acquitter de leur peine à leur place ». L'arrêté du 16 avril 1872 qui réprimait les dissimulations par la double ou triple taxe était à ce sujet plus efficace.

C'est contre ces fraudeurs que le répartiteur doit sauvegarder les droits de l'Etat ; *à priori* on peut dire qu'il ne suffira pas à la tâche, mais l'évidence des faits vient singulièrement confirmer cette affirmation. Le répartiteur doit faire au moins trois tournées ; la première en décembre, la dernière en juin, soit en sept mois au plus. La circonscription d'un répartiteur équivant en moyenne à la superficie d'un département français et s'il en est qui sont petites comme celle de Sidi bel Abbès par exemple, qui n'a que 58.000 hectares, il y en a d'autres, comme celle de Mostaganem, qui ne comprennent pas moins de 29 douars-communes, se partageant plus de 150.000 hectares. Recenser trois fois une superficie égale à celle d'un département français quand on ne dispose que des moyens de transport les plus rudimentaires et que l'on est exposé aux rigueurs d'un climat glacial en hiver, brûlant en été, faire ce triple recensement en moins de sept mois est une tâche surhumaine, surtout si l'on tient compte que dans l'intervalle des tournées, le répartiteur doit établir les matrices et instruire les réclamations. Depuis une dizaine d'années cette situation a encore été aggravée par le recrutement défectueux des agents. Jusqu'en 1892 celui-ci se faisait d'une manière, qu'aujourd'hui surtout, on ne peut s'empêcher de trouver parfaite. Les premiers « recenseurs », nommés par application du décret du 8 mai 1872, étaient ces mêmes géomètres, dont l'ignorance des lois musulmanes et la trop grande ponctualité, faisaient de si détestables commissaires-délimitateurs ou enquêteurs, mais qui, avec leurs consciencieuses méthodes, souvent services par la connaissance de la langue arabe, devaient rendre d'inappréciables services dans une carrière où une méticuleuse précision est la première des qualités. Un arrêté du 21 décembre 1874 améliora le cadre par l'institution d'un concours, au programme duquel figuraient les législations algérienne et musulmane ainsi que la langue arabe. Les traitements seuls demeuraient insuffisants ; divisés en 6 classes, les répartiteurs touchaient de 1.800 à 3.600 francs et quelques 1.200 fr. d'indemnités. L'arrêté du 9 juin 1898 a amélioré légèrement cette situation en créant trois classes de répartiteurs principaux : de 1.800 à 3.600 francs, avec 1.900 francs d'indemnités. Ce maximum devrait être une moyenne. Mais depuis 1892, le cadre a été ouvert aux anciens sous-officiers retraités. Sans le moins du monde suspecter l'honorabilité de ces dévoués serviteurs, il est permis de penser qu'ils n'ont pu acquérir à la caserne une connaissance suffisante des lois, des mœurs et de la langue indigènes. A ces hommes usés par quinze années de services militaires, il faudrait des fonctions moins fatigantes, exigeant des connaissances moins variées et une moins grande expérience. Ce n'est pas à trente-cinq ans qu'on s'improvise répartiteur (Voyez séance du Conseil supérieur, 31 janvier 1899).

La conséquence nécessaire de l'insuffisance des répartiteurs, surmenés ou mal préparés, a été le rôle prépondérant pris par l'adjoint indigène dans le recensement de la matière imposable. C'est lui qui établira les listes préparatoires du zekkat et qui donnera les renseignements permettant d'asseoir l'achour ; ses avis seront suivis quand les contribuables adresseront des réclamations. Il sera toujours le guide et souvent l'interprète. Et c'est là qu'est le vice principal du système. L'arabe, même de bonne famille est un détestable fonctionnaire ; chez lui les idées de droit et de force ont toujours tendance à se confondre ; à ses yeux le droit n'est limité que par la puissance et est légitime dans les limites de cette puissance. De même

qu'ils trouvent juste de ne rien faire, ne sont-ils pas les
plus forts ! pendant que leurs femmes travaillent, de même
ils trouvent juste d'abuser du pouvoir quand la fortune
leur en concède une parcelle. La concussion chez eux est
inconsciente et M. de Voltaire ne pouvait avoir plus mé-
chante opinion des fermiers généraux. Les choix d'ailleurs
n'ont pas toujours été heureux. Dans la session de 1899,
M. le délégué financier Garau pouvait s'exprimer à leur sujet dans les termes suivants, sans que les commissaires du
gouvernement fissent entendre la moindre protestation :
« Leur honnêteté est contestable. Au lieu de désigner des
notables riches ou tout au moins aisés, surtout des indigènes de vieille souche maraboutique et de famille re-
nommée, car l'arabe possède encore à un degré très élevé
le respect des fils de grande tente, on prend très souvent
au contraire des khammès, des joueurs de rahbu, des for-
gerons, des marchands de charbon, états et métiers fort
dédaignés des indigènes qui méprisent ces agents incapables de leur en imposer et qu'ils sentent leurs égaux. »
Et M. Garau citait des exemples : « Un adjoint indigène
fut nommé bien que son père et son frère eussent été
révoqués, le premier à la suite de ses agissements contre le
gouvernement, le second pour avoir essayé de franchir la
frontière en emportant le cachet de son douar-commune et
d'aller rejoindre des parents habitant la Tripolitaine » (1).

(1) On peut rapprocher de ces lignes le vœu suivant adopté dans cette
même session de mai 1899 par la 5ᵉ commission des Délégations financières, on y signale les mêmes abus : « Considérant que le recrutement
des cheikhs et des présidents de douar s'effectue dans des conditions
déplorables, qu'il n'est tenu aucun compte des besoins du douar, de la
situation du candidat et de l'influence qu'il peut avoir sur ses coreligionnaires... prie M. le gouverneur général, de vouloir bien rigoureu-

Il faut dans tout cela faire la part de l'exagération, et la sage habitude a été prise de recruter les adjoints indigènes dans leurs douars. Les administrateurs sont tenus de tenir un registre des candidats. Mais en supposant même les adjoints recrutés parmi les marabouts les plus respectables, tous décidés à ne jamais pincer la guitare, à ne point vendre de charbon et surtout à laisser en paix les cachets de leurs douars-communes, un autre mobile tout aussi puissant que leurs instincts de rapines les poussera à la concussion ; c'est leur insuffisante rétribution. L'unique traitement des adjoints est leur part dans les impôts ; quelques-uns touchent plus de 2.000 francs par an, d'autres 3 à 400 francs à peine ; dans deux douars voisins et dans la même année, les indemnités ont été respectivement de 618 et de 1.421 francs et pour tous, ces allocations sont à la merci des caprices de la récolte. Or il faut que tout ce monde vive et vive dans une certaine splendeur : le caïd doit être le plus riche ; il doit recevoir les hôtes de passage et leur fournir avec le gîte, une somptueuse diffa. Son orgueil d'oriental s'oppose à ce qu'il avoue sa pauvreté et plutôt que de donner a son voisin jaloux, le spectacle de sa misère, il suppléera par des profits illicites à la modicité de ses ressources. Les insuffisantes indemnités allouées aux adjoints indigènes et surtout l'inégalité de ces indemnités, alors que les services rendus sont les mêmes, ont fait l'objet de critiques tout aussi vives et tout aussi fondées que pour le recrutement de ces agents et dans une des dernières sessions du Conseil supérieur de l'Algérie (Voyez séance du

sement appliquer la circulaire d'un de ses prédécesseurs prescrivant de ne pas mettre à la tête d'un douar un adjoint indigène étranger à ce douar, parce qu'il aura été chaouch d'un sous-préfet, garçon de bureau ou brosseur d'un personnage influent. »

31 janvier 1899), M. Mahieddine, conseiller indigène rappelant les vœux émis par cette haute assemblée en 1894 et en 1898, proposait d'augmenter le chiffre des indemnités en diminuant le nombre des titulaires, c'est-à-dire en groupant les douars les plus petits.

Leurs fraudes consistent surtout en complaisances coupables et intéressées lors du recensement de la matière imposable, et ces complaisances seront d'autant plus faciles et plus nombreuses que l'insuffisance du répartiteur sera plus grande. L'adjoint s'engagera à ne porter sur ses listes qu'une partie des animaux ou des charrues possédées par le contribuable et partagera avec celui-ci le montant de l'impôt dont l'État est fraudé. On n'y verra goutte. Le répartiteur ne peut tout vérifier et si, par hasard, il flairait la tromperie, l'adjoint n'aurait qu'à affirmer que l'indigène vient d'acheter les animaux, qu'il les a momentanément sous sa garde ou même qu'il y a eu erreur matérielle. Le délégué financier Garau a indiqué un tarif de ces complaisances : une charrue passée sous silence vaut 20 francs, 10 francs une demi-charrue et 5 francs un quart de charrue ; pour un bœuf, c'est 1 franc et 0 fr. 10 seulement pour un mouton ou une chèvre. « J'en connais un (chef indigène), ajoute M. Garau, qui a fourni une liste imposant son douar composé de 50 tentes pour 208 moutons et 456 chèvres, alors que la vérification a établi qu'il devait l'être pour 617 moutons et 1.647 chèvres. En 1898, sur 4.916 articles vérifiés il y a eu 1.523 fraudes, portant sur 36 chameaux, 2.112 bœufs, 8.526 moutons, 4.348 chèvres et 669 hectares cultivés. Sur ces 1.523 fraudes constatées 900 ont été punies par l'administrateur de l'Hillil, 100 par le juge de paix d'Arzew, les autres sont en cours d'instruction à Mostaganem. »

Si le recensement de la matière imposable ne va pas sans abus, le recouvrement des taxes ne s'opère pas sans complications regrettables. Il est permis de s'étonner que le même répartiteur qui établit les matrices soit chargé d'instruire les réclamations ; ces appels au fonctionnaire mieux informé ne sont pas sans quelque naïveté. Aussi ne s'étonnera-t-on pas que le taux des réclamations admises est de 30 0/0 seulement pour les impôts arabes et de 64, 65 et même 70 0/0 pour les autres impôts (patentes, taxes municipales et contribution foncière). Peut-être serait-il aussi possible de simplifier les rôles ; les communes de plein exercice en comptent une douzaine et les communes mixtes, neuf. A la suite d'une discussion aux Délégations financières, la question fut mise à l'étude. Les chefs de services consultés, répondirent unanimement qu'une simplification leur paraissait possible, mais comme ils ne parvenaient pas à s'entendre sur son importance, les choses furent laissées en l'état. On pourrait aussi généraliser la pratique de l'unification de l'avertissement ; ce serait un allègement de charges pour l'administration comme pour l'administré. Enfin, d'utiles réformes pourraient être apportées à la perception. Quand le contribuable vient payer à la recette il lui arrive parfois de perdre trois jours ; un pour aller au bureau, un pour payer, car chacun ne peut payer qu'avec les membres de son douar et souvent à l'appel de son nom, un jour pour revenir. Quand, au contraire, le paiement se fait dans les tournées, le déplacement de l'administrateur et du receveur, ainsi que de leur escorte, n'est pas sans entraîner un supplément de charges que supportent les douars visités. Il y a eu des abus, il y en a encore, on dira qu'il y en aura toujours, mais il en est d'étranges et voici l'extraordinaire aventure arrivée dans la banlieue d'Alger. Un receveur en tournée, soucieux de faire le maximum, avisant un indigène l'invita à s'acquitter de ses impôts. L'autre répondit qu'il ne le pouvait. Le receveur lui attribua alors une parcelle de terrain appartenant à un tiers. Le contribuable, en gageant cette terre, put payer ses impôts. Le tiers évincé saisit le juge de paix ; on devine l'ahurissement du magistrat quand au prétoire on raconta cette fantastique histoire.

Sans s'arrêter à l'anomalie, on pourrait employer d'autres termes, qu'il y a à imposer la production indigène alors que la production européenne, infiniment plus robuste et moins précaire ne l'est pas, le vice capital des impôts arabes est l'impossible conciliation que l'on a voulu tenter entre les procédés des Turcs et ceux de notre administration française. Une fois de plus on a voulu marier la république de Venise avec le Grand Turc. Sur ces vastes terres d'Algérie, où la richesse n'a guère de manifestations extérieures, le fisc jetait le filet dont les mailles, suffisamment serrées pour la métropole ne l'étaient pas pour la colonie. Il a fait de lourds efforts pour atteindre la matière imposable et chaque fois elle s'est dérobée à ses coups. Il sait la Kabylie riche et cependant ses statistiques accusent une baisse continue dans le rendement de la lezma. Il sait le contribuable de Constantine injustement favorisé et cependant c'est en sa faveur qu'il doit consentir les plus importants dégrèvements. Las de ses efforts impuissants, il songe à tout abandonner et, pour obtenir quelque certitude, consentirait à laisser le soin de la répartition à l'arbitraire des chefs concussionnaires ; la science des impôts deviendrait celle de leur perception. Il ne sait même pas effrayer les fraudeurs, et c'est en se

jouant que ceux-ci acquittent les peines dont il les frappe.
Mais aussi quand il tient un contribuable, qu'il sait ne pas
pouvoir lui échapper, il pèse lourdement sur le malheureux. Il a trouvé dans le pays une dîme antique, fantasque
et capricieuse, dont la fragilité ne s'accommodait d'aucun
système et dont les prodigieuses oscillations eussent trou-
blé tous les budgets. Il l'emprisonna dans ses règlements,
voulut la mettre au pas et fixer des moyennes à ses bonds
désordonnés. Sa grossière maladresse exagéra les tarifs
pour éviter des mécomptes, et l'on peut dire sans aucune
exagération, que dans celles des parties de l'Algérie où le
progrès a rendu la dissimulation difficile, l'indigène paie
le cinquième de son revenu. Et ces revenus sont presque
toujours de moins de mille francs, c'est-à-dire dégrevés dans
tout pays civilisé. C'est sur le fellah du Tell, si durement
éprouvé déjà par le régime agraire, que pèse le lourd
tribut des impôts arabes et leur vexatoire réglementation.
Nous l'avons suivi au Palais devant nos juges, où il a
perdu sa terre, au guichet de nos receveurs où il a perdu
son argent : la loi l'abandonne maintenant ; de la civilisation elle n'a su lui apprendre que la cruelle loi de sélec-
tion ; l'œuvre d'assimilation et de conquête morale est
laissée aux hommes. Peut-être les luttes contre les textes
étaient-elles encore moins meurtrières !

CHAPITRE IV

LES HOMMES.

I. — L'indigène producteur.
II. — La concurrence.
III. — État actuel de la production indigène.

I

L'indigène et nous entendons excepter pour l'instant le berbère, est un maigre producteur. C'est par son nombre et non par sa valeur qu'il prend une si grande place dans la production du pays. Son intelligence est bornée ;

Consulter sur ce chapitre : Bastide, *Bel-Abbès et son arrondissement*, Oran, 1881 ; — Bonnefoy, *L'espèce bovine en Algérie*, Alger, 1900 ; — Boyer-Banse, *La propriété indigène dans l'arrondissement d'Orléansville*, Orléansville, 1902 ; — Colin, *Quelques questions algériennes*, Paris, 1899 ; — Drapier, *La condition sociale de l'indigène en Algérie*, Alger, 1900 ; — Gourgeot, *Les sept plaies de l'Algérie*, Alger, 1891 ; — Gouvernement général de l'Algérie, *Tableau général des établissements français en Algérie* ; *Statistique générale de l'Algérie* ; — Lecq, *l'Agriculture algérienne et ses productions*, Alger, 1900 ; *Commission d'études de la vallée du Chéliff*, Alger, 1899. — Mercier, *La question indigène en Algérie au commencement du XXᵉ siècle*, Paris, 1901 ; — Pouyanne, *La propriété foncière en Algérie*, Alger, 1900 ; *Contribution à l'enquête sur la propriété indigène*, Bulletin de la réunion d'études algériennes, juin 1901 ; *La question agraire en Algérie* (Revue des questions diplomatiques et coloniales, 1ᵉʳ décembre 1901) ; — Rivière et Lecq, *Manuel pratique de l'agriculteur en Algérie*, Alger, 1899 ; — Rouire, *Les colons de l'Algérie* (Revue des Deux-Mondes,

Il paraît absolument incapable de concevoir quelque chose de général et d'embrasser ainsi sa situation et ce qu'elle pourrait être ; il ne voit pas le progrès, bien plus qu'il ne se refuse à le réaliser. Abstraire, prévoir, raisonner sont pour lui autant de mystères ; en dehors de sa grossière pratique, il ne connaît que le rêve imprécis, mystique ou luxurieux. Dans cette pratique, d'ailleurs, il est d'une extrême maladresse, d'une maladresse inconsciente et dangereuse. Non seulement il est presque impossible de lui apprendre quelque chose de nouveau, de lui confier par exemple, la direction d'une machine agricole, dont en quelques heures un enfant s'assimile la pratique, mais encore est-il très difficile de perfectionner chez lui ce qu'il sait déjà. C'est ainsi que, cultivateur de son état, il lui faudra de laborieux efforts pour modifier ses procédés de culture ; il a manié la charrue, il devra longuement l'oublier et apprendre le maniement de la charrue française ; il sait semer, bien imparfaitement il est vrai, mais il ne saura jamais élargir son geste et répandre le grain en égales quantités, comme son voisin européen. Chose curieuse, dans l'intervalle d'une année, la main-d'œuvre

15 septembre et 15 octobre 1901) ; — Varlet, *Les céréales d'Algérie*, Alger, 1900. — Nous avons consulté en outre avec le plus grand profit les documents de la Commission d'enquête pour la protection de la propriété indigène, une monographie sur l'arrondissement de Sidi-Bel-Abbès en 1900, que son auteur, M. Deberme, a bien voulu nous permettre de consulter ; une monographie sur la propriété indigène dans le canton d'Aïn-Bessem, due à MM. Tamborini et de Viliedieu pour la communication de laquelle M. Pouyanne voudra bien trouver ici l'expression de notre reconnaissance. Enfin de très précieuses indications nous ont été fournies par MM. Joseph Gex, pour la région de Marguerite, Louis Mermier pour la région de Chabet-el-Ameur et A. J. van Vollenhoven, pour la région de Marengo ; nous tenons à les remercier ici de leurs communications.

oublie l'usage des outils les plus simples, comme un appareil à sulfater. Tout dans leur cerveau est impression fugitive. Leur esprit ressemble à ces arabesques compliquées et ces savantes enluminures qu'affectionne leur art. De même que les courbes, tracées d'une main sûre, se mêlent gracieusement en d'inextricables labyrinthes, de même il est des points sur lesquels la mémoire de l'indigène est surprenante et ne pourra jamais être mise en défaut (1) ; mais si l'on s'en écarte, on tombe dans le chaos ; il y a dans le cerveau de l'indigène un seul sentier, le sentier battu de la tradition ; il le suit les yeux bandés, s'il l'abandonne, il perd pied.

Cette impuissance intellectuelle à comprendre ou même à imiter, s'aggrave de l'indigence de sa moralité. Le Turc avide et pillard était son supérieur, parce qu'au besoin il savait risquer sa vie pour satisfaire sa cupidité. Pour le fellah, le principe de vie est le moindre effort et le mobile d'action, la nécessité. Il est paresseux ; paresseux par habitude et par instinct. Il fait tout à demi et tout avec une désespérante lenteur, et cela non seulement quand il est employé, sa paresse s'expliquerait alors, puisqu'il travaille pour autrui, mais encore quand il est fermier ou propriétaire et qu'il bénéficie seul par conséquent, de son surcroît de travail. Il lui suffit de vivre et il vit avec un strict minimum. Il n'apprécie pas le luxe acquis par le labeur, et si, pour parvenir à l'aisance, il lui faut un effort de quelque durée, il préfère y renoncer et consacrer son loisir au som-

(1) M. Bonnefoy, un colon, dit, en parlant des berger arabes : « Ce sont des registres vivants. Ils ne savent ni lire ni écrire, mais possèdent une mémoire surprenante. S'ils ont suivi les marchés avec le propriétaire, ils sont capables de donner un an après, avec une sûreté absolue, le prix d'achat individuel de cinq cents bêtes. Ils connaissent le lieu et la date de l'achat, le nom et le signalement du vendeur. »

meil ou à une rêverie contemplative. Si pauvre est sa moralité, que cette activité qu'il ne pratique pas et ne recherche pas pour lui, il ne la prise pas chez les autres. Le travail qui enrichit, bien plus, qui ennoblit, est pour lui un non-sens ; il ne conçoit que celui qui fatigue. D'innombrables exemples prouvent ce mépris de l'effort. Son apathie ne se refuse pas seulement à l'initiative, à une entreprise nouvelle, mais encore à l'entretien, à la conservation de ce qui existe. On a cité l'exemple des tribus, vivant dans des ruines romaines, à côté de puits qu'il suffisait de dégager pour avoir à proximité une eau abondante et dont cependant les femmes allaient puiser à plusieurs kilomètres, mais à une source qui ne nécessitait aucun aménagement. Chacun a vu en Algérie, l'Arabe acquérir un immeuble européen et le laisser tomber en ruines, sans y faire la moindre réparation, reculant sans cesse devant l'œuvre du temps et finissant par trouver un refuge dans un taudis branlant, où sa vie est perpétuellement menacée, plutôt que de prendre la pioche pour démolir ce qui est irrémédiablement perdu et la truelle pour réparer ce qui peut être sauvé. Certes, si un jour nous quittions l'Algérie, l'indigène laisserait se rouiller, même cette partie de notre outillage dont il a été à même d'apprécier la valeur et d'apprendre l'usage.

Si, à ces deux principaux caractères : intelligence bornée et apathie complète, défauts qui entraînent cette résignation contemplative, aboutissant au fatalisme, à moins toutefois qu'ils n'en soient les effets, on ajoute toute une longue série de vices, incontestablement ici filles de la paresse, comme la dissimulation et la malhonnêteté, la méfiance et l'imprévoyance, l'amour de la volupté, de la luxure et de la ripaille, on reconnaîtra que cette peinture, nullement exagérée, est bien le contre-pied de ce qu'il faut pour faire un bon et laborieux paysan, amoureux de sa terre, ayant foi en elle, une foi têtue et ignorante, qui l'abandonne souvent à sa routine, mais active et robuste aussi, qui l'oblige à se dépenser pour elle, à lui sacrifier s'il le faut femme et enfants ; qui lui donne cette dureté, cette méfiance et cette ruse, quand on parle d'elle ; qui l'en fait jaloux comme d'une maîtresse et qui lui met au cœur l'avarice, non pour courir les filles et les cabarets, mais pour l'arrondir et l'embellir, pour en faire la plus belle du hameau, de la commune et du canton et pour trouver un bonheur sobre, fait d'angoisses, de labeurs et de malédictions, moins dans les richesses qu'elle produira que dans l'égoïste satisfaction que ces richesses elle les lui prodigue reconnaissante, comme autant de caresses (1).

C'est ce déplorable travailleur qui devra triompher de

(1) Les passages suivants, extraits d'une note rédigée par de notables musulmans, membres de la commission d'enquête présidée par le comte Le Hon, apprécient d'une manière peu flatteuse le caractère de l'indigène algérien :

« Le mot civil ou civilité dans son acception vraie signifie cette douceur et cette déférence mutuelles qui rendent l'homme sociable, qualités dont les Arabes nous paraissent généralement dépourvus. » La conquête aurait eu pour pour effet « de remplir les Arabes, surtout les habitants des villes, d'une folle présomption qui gâta leur intelligence et faussa leur jugement »; plus loin : « Les Arabes sont tellement tortueux dans les affaires et si grossièrement ignorants que les cadis eux-mêmes, ces hommes que, malgré leur immoralité notoire et leur ignorance crasse, on a nommés, ne peuvent s'y retrouver. » Ces notables attribuaient à la misère des indigènes les causes suivantes : 1° la répugnance des indigènes musulmans pour les travaux manuels ; 2° leur ignorance de toute industrie ; 3° leur imprévoyance et leur prodigalité lorsqu'il s'agit de satisfaire leurs passions. Dans la métropole, nous ne saurions trop nous défier d'une pitié généreuse mais dangereuse pour les « pittoresques haillons ».

la rude virginité de la terre algérienne. Endormie depuis de longs siècles, celle-ci s'est recouverte d'une solide végétation de broussailles et d'arbustes, toutes plantes robustes et vivaces, qui ont fouillé ce sol de leurs racines, ont pénétré jusque dans ses entrailles, soit en s'y vissant par des pivots souples et tenaces, soit en s'accrochant par l'enchevêtrement touffu des radicelles. Sur les plateaux infinis, caillouteux et arides, ce seront des touffes de jujubiers, rarement venues en arbres pour ne pas donner prise par un tronc, dont toute la puissance de végétation, déréglée, hirsute et agressive, s'est concentrée en de maigres feuilles, pâles et métalliques qu'aucune bête ne peut manger, et en une multitude d'épines traîtresses, acérées, aux piqûres douloureuses et profondes. Dans les opulentes plaines grasses et rouges au contraire, où de sombres tâches d'humus viennent témoigner d'une excessive fertilité et de prodigieuses réserves, ce seront des îlots de palmiers nains, surmontés de bouquets de feuilles, dont les racines, surélevées à force d'être unies et pressées s'en vont en longs nerfs froids, verdâtres, pomper les sucs jusqu'à plusieurs mètres de profondeur. Et si la plaine n'est pas trop exposée aux vents, si quelques collines l'ont préservée des rigueurs du climat et que quelques grands arbres aient promis leur protection, des bosquets cossus de genévriers, de lentisques ou de genêts, auront étalé leurs formes opulentes. Dans cette brousse souveraine, l'homme ne pénètre qu'en se faufilant ; elle tolère un sentier, mais envahissante, elle étoufferait les cultures qu'on tenterait dans ses rares clairières.

Le fellah, d'ailleurs, ne rêve pas de conquêtes : travaillant pour assurer sa subsistance seulement, il mendie aussi ses aumônes. Peut-être y a-t-il dans les broussailles quelques chênes ballots, il sera heureux d'en manger les glands : le palmier nain n'est pas son ennemi, car son bourgeon sert à sa nourriture, et les feuilles, s'il n'en tapisse son gourbi, servent pour les travaux de sparterie. Les bestiaux mangent le diss ; le jujubier, une baie excellente ; les lauriers-roses, les lentisques, donnent des tiges minces et souples pour les vanneries. Comme le dit excellemment M. Lecq, inspecteur général de l'agriculture en Algérie, « son objectif semble être de vivre, des produits naturels du sol et, s'ils sont insuffisants, ce n'est qu'à regret qu'il consent à aider la nature pour lui faire rendre davantage. » Et quand, poussé par la nécessité, il sera obligé de cultiver il ne défrichera pas ; il ne saurait par où commencer l'attaque de cette immensité vierge, ni comment s'y prendre. Combien la physionomie de son champ sera-t-elle différente de celle des nôtres qui, par la belle régularité de leurs lignes droites, encadrant les cultures, sont comme un défi à la prodigalité désordonnée de la nature ? L'arabe recherchera les rares clairières et, dans ces terres pauvres, dont la broussaille n'a pas voulu, il trouvera place pour son modeste labour ; il inclinera sa charrue à droite ou à gauche, contournera les bosquets, fera un respectueux crochet pour éviter une grosse pierre ; discret, il demande à la terre nourricière de vouloir bien le tolérer, là où elle ne produit rien.

On pense bien que l'outil servant à de si primitifs labours n'a de commun que le nom avec nos charrues. Celles-ci, fuyantes et basses pour permettre à l'homme de peser de son poids sur le mancheron et d'empêcher ainsi les oscillations qui compromettent la profondeur et la rectitude du sillon, éventrent la terre de leurs socs à la fois insinuants et brutaux, la refoulent en deux grandes vagues. Le sol s'ouvre lourdement, avec un sourd glous-sement ; ameubli, aéré, il exhale une haleine humide et bleuâtre par dessus les débris mutilés de la végéta-tion parasite ou des insectes qui n'ont pu fuir. Il faut deux bras solides pour la maintenir et il arrive qu'il n'est pas de trop de trois paires de bœufs du pays pour la mouvoir. A première vue, le contraste avec l'araire arabe est frappant. Que l'on imagine deux fortes branches de bois, chevillées à angle droit ; le laboureur tient la branche verticale d'une main ; sur la branche horizontale, effilée à son extrémité et glissant sur le sol est chaussée une se-melle de fer, horizontale aussi ; c'est le soc ; celui-ci ne pénètre donc pas, n'éventre, ni ne tranche ; il écorche, il gratte, il découvre quelques centimètres à peine. L'effet est celui d'une pelle que l'on pousserait sur le sol. Une seule main maintient en équilibre, plus qu'elle ne dirige, l'araire qui, ficelé, chevillé, se briserait cent fois dans une terre difficile ou derrière un attelage sérieux. Mais celui de l'indigène ne l'est pas. Entre le mancheron et le porte-soc en effet, chevillée à angle droit et dans le même plan, se trouve la flèche ; celle-ci est comme la bissectrice de l'angle formé par les précédentes pièces, elle peut s'in-cliner, mobile autour d'une cheville posée au sommet de l'angle. Le joug enfin est attaché à l'extrémité libre de la flèche et perpendiculairement à celle-ci. Si le fellah a des bœufs ou des ânes, les deux espèces sont sensiblement de la même taille, le joug est placé sur les épaules, mais s'il laboure avec des mulets ou des chevaux, le joug est passé sous le ventre, à l'endroit où chez nous se place la sangle ; le harnais est un savant, mais fragile assemblage, de courroies et de ficelles, de cordes de palmiers, débris de paillassons ou de vêtements. Souvent même, l'Arabe laboure avec un attelage disparate, un bœuf et un cheval ou un mulet et un âne ou, nous a-t-on assuré, avec sa femme et son bourriquet. Tenant d'une main le mancheron, il a de l'autre l'aiguillon, il stimule de la voix son attelage, traite de juif son bœuf, indifférent et résigné, et de voleur sa pauvre rosse, dont le poil hérissé cache mal les côtes.

Quant au système de culture, il est probable que tant que l'indigène avait à sa disposition d'immenses espaces il cultivait un peu partout, mais actuellement ses disponibilités de terres lui permettent tout au plus des assolements biennaux. Les parcelles en jachères ne sont d'ailleurs l'objet d'aucune préparation et les labours de printemps, si nécessaires dans ces terres dures, peu et mal arrosées, ne sont que très rarement pratiqués. On laboure dès que le sol a été ameubli par les premières pluies, c'est-à-dire en octobre ou en novembre. On emblave généralement en blé tendre, blé dur ou en orge, quelquefois même on mélange ces grains qui d'ailleurs ne sont pas triés. Quand ces travaux sont accomplis, l'Arabe est persuadé que sa tâche est achevée et qu'il appartient à Dieu de faire le reste ; quelquefois il pratique des hersages en traînant un tronc d'arbre dans les champs, mais les quelques millions d'indigènes qui se livrent à la culture, ne disposent que de quinze cents herses. Il revient à la moisson, et encore est-il des régions entières où quelle que soit sa pauvreté, il recourt à la main-d'œuvre rétribuée pour faire ce travail. « Les céréales sont moissonnées au moyen de la même faucille qui sert à tondre les moutons, dit M. Lecq, les épis, coupés avec une partie de chaume tout juste suffisante pour les réunir en javelles, sont battus au pied des bêtes ; pour vanner le grain, on profite d'un vent convenable qui permet, en projetant en l'air le mélange de grain et de paille, de séparer l'un de l'autre. » Avant la moisson, le champ n'a d'ailleurs point cette épaisse chevelure rousse ou dorée, dont les épis ne tiennent que par leur masse et s'affaissent, à demi-brisés déjà par le vent. Ici l'épi est court et droit, il se dresse avec d'autant plus de raideur, qu'il est plus vide. De loin, on croirait un champ déjà moissonné dont les chaumes auraient été laissés très hauts ; de près, les épis sont serrés en quelques endroits, mais jamais ils ne cachent la terre ; on dirait une plantation soigneusement repiquée et jamais un semis. La terre, juste dispensatrice, rend en proportion de ce qu'on lui a confié. M. Varlet, qui estime à 170 francs les frais annuels de mise en valeur d'un hectare de blé cultivé par des Européens, les estime à 70 seulement pour la culture indigène ; suivant cet auteur, le bénéfice par hectare se réduirait à 28 francs « qui sont relativement une bonne recette, malheureusement très rarement obtenue ».

Cette agriculture rudimentaire trouve son complément nécessaire dans l'élevage ; si, en cas de mauvaise récolte, il n'y a pas à moissonner, au moins pourra-t-on faire paître. L'Arabe n'est pas meilleur éleveur qu'il n'est cultivateur. Sauf d'ailleurs pour les moutons, les troupeaux ne sont jamais bien nombreux. Quelquefois les animaux sont parqués dans un enclos ou simplement entre quelques gourbis pour faciliter la surveillance ; il leur arrive même de ne pas surveiller les bestiaux du tout, et souvent on voit surgir un bœuf ou une génisse qui errent çà et là au petit bonheur et qu'on ne rattrapera qu'après une battue organisée.

Si, en toutes choses il faut savoir distinguer les Arabes des Kabyles, cela est surtout nécessaire pour l'étude de leurs procédés de travail ; l'apathique paresse du promier n'est égalée que par la fébrile activité du second. La pauvreté du sol n'a pas permis au Kabyle une culture extensive, à laquelle son amour du labeur répugnerait. Les terres disponibles, souvent insuffisantes pour permettre la culture des céréales, ont été transformées en jardins, dont l'entretien demande des soins de tous les instants. Aussi dans cette terre généralement ingrate, faut-il augmenter les rendements pour faire vivre une population plus dense que celle de la France et les procédés de culture, s'ils sont bien imparfaits encore, sont déjà en progrès. La charrue est moins primitive ; elle a des oreilles et la flèche, mieux assujettie, permet une traction plus énergique. Mais surtout les Kabyles ne sont pas ménagers de leurs peines. Ils font deux labours, trois même ; ils ameublissent le sol aux premières pluies et ne sèment que sur un nouveau labour ; les terrains qui n'auraient pu être façonnés en hiver parce qu'ils étaient alors recouverts de neige, le seront au printemps ; une récolte de bechna ou de fèves est encore possible. La herse fait toujours défaut, mais des hommes suivent la charrue en brisant les mottes les plus grosses. On fume autant qu'il est possible, les sarclages et binages sont fréquents et il est des cultures, comme celle du tabac, auxquelles le Kabyle est tout aussi habile, sinon plus, que le colon européen. Enfin en Kabylie, on ne pratique pas ces associations bizarres qui compliquent la production en morcelant l'effort et qui sont le principal obstacle au progrès chez l'indigène non berbère.

Déjà nous avons eu l'occasion d'insister sur ces groupements, dus beaucoup moins à la solidarité familiale qu'à la nécessité de diminuer les risques pour cause d'insécurité et de manque de capitaux. Il est rare qu'un fellah possède avec une dizaine d'hectares, de quoi les mettre en valeur : il aura la terre, mais n'aura pas de semence ou bien les bêtes, mais pas leurs harnais, ou bien il sait labourer, mais non moissonner ; quelquefois aussi il ne veut pas exposer tout ce qu'il possède aux caprices de la nature : il entend limiter sa mise, quitte à partager son gain. C'est alors qu'il s'associe avec un parent, un autre membre du douar ou plus rarement avec un étranger. Il arrive que ces contrats soient de simples échanges de bons procédés : Mohammed, en retour de la semence que lui donnera Ali, s'engagera à labourer le champ de celui-ci. mais l'Arabe est de sa nature intéressé, aussi ces contrats contiennent-ils presque toujours des clauses de participations de bénéfices. Mohammed laboura le champ d'Ali, mais percevra pour ses peines une part dans la récolte. Ces associations si multiples entre propriétaires, qu'on peut dire qu'il n'en est pas qui touchent en entier les produits de leur sol, se retrouvent chez leurs métayers et tel tenancier au cinquième, cédera volontiers la moitié de sa part, pour pouvoir rémunérer le concours d'un métayer tout aussi pauvre que lui. Souvent ces contrats ont des stipulations léonines ; nous avons pu en observer un d'après lequel le propriétaire fournissait la terre, la semence et la moitié de la main-d'œuvre pour la moisson, alors que son associé ne payait que l'autre moitié et se chargeait des labours. Quoique les apports fussent disproportionnés, le partage se faisait à moitié. Mais l'étude du khammessat, le plus fréquent de ces contrats, fera mieux encore ressortir l'entrave qu'ils apportent, par leur rudimentaire économie, maintenue par l'ignorance économique de leurs signataires, à une bonne production.

Le propriétaire fournit la terre et de quoi la mettre en

valeur, c'est-à-dire le cheptel et la semence, le khammès fournit son travail ; au dépiquage, le propriétaire garde les quatre cinquièmes de la récolte. Ce contrat, extrêmement répandu en Algérie, ne laisse pas de donner des bénéfices très appréciables quand il s'applique à de grandes superficies ou, ce qui revient au même, à des terres très fertiles. Le khammès a intérêt à beaucoup labourer ; il accro tra ainsi la récolte et, par conséquent, sa part. Quant à ses risques, ce sont simplement quelques journées de travail supplémentaires qui seraient à défaut consacrées au repos ou à la débauche. Avant la conquête, à l'époque où les espaces vides étaient immenses et où souvent la propriété n'avait d'autres limites que celles que voulait lui donner le propriétaire, le khammès, labourant sur la terre d'autrui, avec le cheptel d'autrui et ensemençant avec la semence d'autrui, pouvait augmenter à coup sûr ses profits ; mais de nos jours où les terres, les terres fertiles surtout, ne sont plus aussi abondantes et où par conséquent cette culture extensive, sans aucun risque et profitable à condition qu'elle s'appliquât à de vastes espaces, est devenue impossible, la condition du khammès est devenue misérable. Sa part, le cinquième, est restée la même ; mais si le diviseur demeure et que le dividende, en l'espèce les terres, décroît, nécessairement, le quotient, c'est-à-dire la rémunération du khammès, doit diminuer aussi.

Cette misère du khammès n'a d'ailleurs en rien profité à son maître : l'usage veut en effet que celui-ci fasse à son métayer les avances nécessaires en grains qu'il récupérera au dépiquage ; cet usage qui est bien plus un devoir d'assistance qu'une obligation juridique, absorbe le plus clair des bénéfices du propriétaire. Il est vrai qu'en échange la loi lui reconnaît le droit de retenir le khammès sur sa terre jusqu'à ce que celui-ci se soit complètement acquitté. Comme ce moment n'arrive jamais, le khammès est dans un servage perpétuel qui ne profite à personne. Le khammessat, contrat jadis avantageux, lèse aujourd'hui les deux parties contractantes, l'employeur et l'employé par suite des transformations économiques. Il eût paru naturel qu'un effort eût été fait pour le mettre en harmonie avec le nouvel état de choses et que, puisque dans l'ancienne association, on attendait tout de la terre, on attendît, dans la nouvelle, tout du travail. Il n'en a rien été, chose plus curieuse, personne ne se plaint des mauvais résultats du contrat. Les propriétaires n'accusent pas la paresse de leurs métayers et ne leur reprochent pas leurs procédés primitifs de culture et puisqu'il est de bon ton de prendre un khammès, tout comme sous l'ancien régime il était honnête d'avoir un intendant, « il n'est point de cultivateur possédant deux charrues de terre, qui n'ait, au témoignage de l'administrateur des Braz, des khammès pour les labourer ». Quant aux métayers, ils ne songent pas à trouver la part du propriétaire trop élevée, ils continuent à s'engager et à se faire consentir des avances qu'ils savent ne devoir restituer jamais. Personne n'est content, mais tout le monde se résigne ; le dénoûment d'une si bizarre question sociale à laquelle les intéressés refusent de donner une solution est la mort même de la société, c'est l'inaction, l'abandon des terres à un européen plus intelligent et un nouveau pas vers une plus grande misère.

Si d'un mot on veut caractériser cette production indigène, c'est celui de fragilité qu'il faudra employer et dans cette nature riche, mais capricieuse et mal asservie encore, cette fragilité signifie disette. Il faut bien peu de chose pour faire s'envoler des espérances fondées sur des bases aussi peu solides. Le producteur est insuffisant ; pour remédier à cette insuffisance, il fait appel à d'autres producteurs insuffisants aussi, auxquels le lient des contrats insuffisants. Qu'on multiplie ces insuffisances et de même que les multiplications de nombres fractionnaires donnent un produit inférieur au multiplicande, de même l'insuffisance de la récolte en terre indigène sera plus criante encore que celle des facteurs dont elle est le produit et dont, par l'analyse précédente, on a pu apprécier le degré. Les faits ne viennent que trop confirmer cette déduction. C'est ainsi que la récolte du blé tendre, qui en 1891 était de 345.327 quintaux, n'est que de la moitié, 157.977 quintaux l'année suivante, et qu'au contraire la récolte de 1899 qui était de 236.312 quintaux fut beaucoup plus que doublée en 1900 (524.464 quintaux), quoique l'on eût alors emblavé 1.000 hectares en moins. Mêmes constatations pour le blé dur ; en 1892, diminution de 800.000 quintaux sur la récolte précédente et cependant on avait emblavé 20.000 hectares en plus ; en 1895, la différence est plus notable, le déficit par rapport à 1894 est de près d'un million de quintaux et cependant 30.000 hectares nouveaux avaient été emblavés ; en 1900, au contraire, les rendements de 1899 sont dépassés de deux millions de quintaux quoiqu'on eût à peine livré 10.000 nouveaux hectares à la culture. Pour l'orge, les variations sont invraisemblables ; de 1891 à 1892, la différence est d'un million de quintaux, soit d'un huitième du rendement total ; de 1893 à 1894 la différence est de trois millions trois cent mille quintaux, soit le tiers du rendement et de 1899 à 1900 enfin — la progression est constante — cette différence est de plus de cinq millions deux cent mille quintaux, c'est-à-dire des deux tiers de la récolte totale. Est-il besoin d'insister sur les désastreux effets de si formidables écarts. Comme toujours, les mauvaises années sont plus nombreuses que les bonnes, ou plus exactement les souffrances causées par les mauvaises récoltes ne sont pas réparées par les bénéfices des bonnes. Cela est vrai pour l'Arabe surtout, qui ne sait pas prévoir et qui dépenserait son argent dans les plus folles débauches plutôt que de le serrer pour les besoins du lendemain. Quand alors, la cigale a chanté tout l'été elle recourt au crédit, mais tout s'enchaîne, crédit, confiance et stabilité, et quand on songe que ce peuple emprunte pour vivre, c'est-à-dire quand il n'a plus rien, on peut déjà prévoir l'usure florissante.

C'est là, en effet, un premier vice du crédit agricole algérien ; quand l'indigène emprunte, ce n'est pas un producteur, mais un consommateur qui demande confiance. A un producteur qui désire augmenter sa production en améliorant son outillage on l'accordera volontiers ; il offre comme gage ce qu'il possède déjà et son entreprenante activité est un facteur du succès final. C'est un vainqueur qui vient demander de nouvelles recrues ; on peut les lui confier. L'Arabe, au contraire, se présente en vaincu ; la notion de production pour en tirer bénéfice, la notion de capital, bien destiné à la reproduction d'autres biens, lui est inconnue ; il produit, ou mieux voudrait toujours produire, pour sa consommation. Les gages qu'il offre sont dérisoires, mais surtout la garantie morale, et c'est la décisive, est nulle. Quelle confiance peut-on avoir dans sa faiblesse ? Et encore si ce n'était que de la faiblesse ! mais il y a plus. La loi musulmane, loi religieuse, considère les richesses, les pires ennemis de la foi, puisqu'elles détachent l'homme de la contemplation divine et lui donnent l'orgueil ou l'indépendance nécessaires pour nier Dieu, elle condamne donc le prêt à intérêt. Le prêteur, étant un contrevenant, son emprunteur trouve naturel de le payer en monnaie de singe. Les moyens dilatoires, les sursis auxquels recourt l'indigène sont inépuisables et quand enfin il est acculé au paiement, combien de fois ne se soustrait-il pas par la fuite ou la dissimulation de ses biens à l'exécution de ses engagements ? « Ils n'ont, disait le directeur de la Banque d'Algérie, rien à présenter au crédit, même pas l'honnêteté. »

Ces fausses conceptions économiques, fausse conception chez l'emprunteur qui ne se présente que s'il y est poussé par une absolue nécessité, fausse conception de la loi qui croit par une gratuite prohibition entraver une récessité inéluctable et ne parvient qu'à encourager la fraude, ont enlevé aux opérations d'argent, auxquelles se trouve mêlé un indigène leur caractère franchement commercial pour en faire de clandestines spéculations de jeu. Elles ont créé l'usure qui est générale en Algérie, qui n'y a pas été introduite et n'y est pas maintenue par la cupidité de quelques-uns, mais que l'on doit aux vices de tout un peuple et que les progrès économiques et non de vains décrets parviendront seuls à enrayer. Des taux de 30, 40, 50 0/0 sont usuels à Bougie, 75 0/0 ont été signalés souvent à Souk Ahras ; à Constantine, on prête à 100 ou 150 0/0; à Lalla Marnia, le taux a atteint 500 0/0, ainsi d'ailleurs que dans la Kabylie où l'on a constaté 50 ou 60 0/0 par mois, ce qui ferait 600 ou 720 0/0 par an. Aucune production ne pourrait supporter de pareilles charges ; celui qui commence à emprunter ne s'acquitte plus ; peu à peu il s'habitue au lourd fardeau, il ne songe plus à amortir, il acquitte ses intérêts puisqu'il ne peut plus payer le capital et quand il aura

tout sué et que son prêteur se sera fait rembourser autant
de fois son capital qu'il le jugera devoir faire pour s'in-
demniser de la crainte qu'il avait eue de ne pas être
remboursé du tout, il procédera à l'exécution. Il faut, pour
étudier le crédit et ses effets, distinguer les opérations du
crédit mobilier et immobilier. Les premières ont fait
l'objet d'un chapitre des plus instructifs de l'ouvrage de
M. Gourgeot ; M. Pouyanne a défini les secondes avec son
habituelle lucidité.

La garantie mobilière sera en principe pour le fellah la
récolte prochaine ; la femme n'aura que rarement quelques bijoux ou le mari quelques riches vêtements qui
pourraient servir à gager un emprunt. Les emprunts se
font en automne et au printemps ; en automne pour ceux
qui n'ont pas de grains pour leurs semailles, au printemps pour ceux qui ont pu semer mais ne peuvent pas
attendre la récolte. L'intérêt n'est pas défini par son
taux mais par son produit, on ne stipule pas 50, 75 ou
100 0/0, mais il sera entendu que les dix pièces (de cinq
francs), soit 50 francs, prêtées, vaudront 75 francs, ou
100 francs. Ainsi nos pères prêtaient au denier douze ou
au denier six. Les taux usuels sont : 10 pièces pour 4,
c'est-à-dire 50 francs reçus, plus 20 francs d'intérêt, donc
70 à rendre ; ce prêt étant consenti au maximum pour
huit mois, le taux est d'environ 60 0/0 ; 10 pièces (50 fr.)
reçues, pour 5 (25 francs) d'intérêt, soit 75 francs à restituer : taux 75 0/0 ; 10 pièces pour 6, soit à restituer 50 fr.
de capital et 30 d'intérêt : 80 francs, taux 90 0/0 ; 10 pièces
pour 7, soit 50 de capital, 35 d'intérêt, total : 105 0/0
10 pièces pour 8, soit 90 francs à rendre, 120 0/0 ; enfin
10 pièces pour 10 « le douro pour son frère » soit à rendre,
après huit mois, 50 francs de capital et 50 francs d'intérêt,
ce qui correspond à un taux de 150 0/0 par an.

Supposons maintenant — l'exemple es de M. Gourgeot — un indigène empruntant 500 francs au taux de 10 pièces pour 5. Il devra restituer à la récolte 750 francs ; 500 francs de capital et 250 d'intérêt. Cette opération, emprunter du numéraire pour restituer du numéraire constitue l'emprunt marda, c'est le procédé le plus simple, le plus moderne et le moins ruineux ; c'est aussi le moins employé. La pratique du billet à ordre ayant introduit celle de la date certaine, le débiteur s'engagera à rembourser le 1er août. L'emprunteur, éternel optimiste et soucieux d'ailleurs de ne pas faire courir les intérêts, croit toujours être en mesure de s'acquitter fort tôt. Le 1er août arrive et il y a eu mécompte ; ce sera la moisson qui aura été retardée ou bien le temps humide qui aura empêché le dépiquage, bref il y a mille excellentes raisons que tout débiteur a invoquées devant tout créancier. Le nôtre sollicitera un sursis. Si le créancier est honnête, il prolongera le billet en stipulant peut-être une légère commission , s'il est malhonnête et l'on pense bien que ceux qui opèrent dans ces conditions ne sont pas des tours d'ivoire, il procédera à une conversion ; le marda sera changé en selem ; au lieu de devoir de l'argent, le débiteur devra de la marchandise, en l'espèce du grain . Le créancier consentira une prolongation de 45 jours par exemple, mais à cette date, au lieu de lui remborser 750 francs, le débiteur lui donnera 37 charges et demie d'orge à 20 francs la charge ; naturellement ce prix de 20 francs sera calculé au-dessous du cours probable du jour, la différence sera le bénéfice du créancier. Le 15 septembre, jour de l'échéance survient ; deux hypothèses sont possibles ; ou bien le fellah peut rembourser, ou bien il en est incapable. Dans le premier cas, il sera écorché mais encore sera-t-il vivant. Il donnera 37 charges et demi-d'orge que son billet estime à 20 francs, mais qui en valent 22 ; ses dix mois de crédit lui auront coûté 250 francs d'intérêt jusqu'en août, plus trois charges et demie d'orge à 22 francs (car il n'eût dû, pour parfaire la somme de 750 francs livrer que 34 charges au lieu de 37 et demie si la charge avait été estimée à 22 francs, valeur réelle, au lieu de 20 francs, valeur stipulée) prix de la prolongation, 77 francs, soit en tout 327 francs, ce qui représente un taux de 80 0/0.

Mais il est aussi possible que le fellah n'ait pu rembourser, la fragilité de sa culture est si grande, il suffit de si peu de chose pour tout compromettre, et sur sa récolte il devra prélever de quoi ensemencer le mois prochain, de quoi se nourrir pendant l'hiver, car s'il ne le faisait pas, il devrait recourir de nouveau à un usurier. Autant garder celui-ci, auquel d'ailleurs, suprême argument d'un débiteur qui veut apaiser ses inquiétudes, il va donner un acompte. Notre homme donnera donc à son créancier 27 charges et demie et restera lui en devoir 10 ; mais ces 10 charges feront l'objet d'une nouvelle conversion ; le salem se changera en talg et après avoir dû de l'argent, puis du grain, le fellah sera de nouveau débiteur d'argent. Voici l'opération. Son créancier a droit à 10 charges, ces charges étaient estimées à 20 francs mais la hausse est proche, car les semailles vont produire un fort mouvement de demandes ; d'ailleurs le remboursement ne devant se faire qu'à la fin de la récolte prochaine, il est juste que le créancier soit payé de cette longue attente par un intérêt ; il stipulera donc que ces 10 charges qu'on reste lui devoir lui seront payées le 1er août de l'année suivante à raison de 35 francs la charge. Et il n'y a pas de raison pour que cela finisse, cet argent dû le 1er août peut se transformer en grains, qui devront être payés le 15 septembre : le marda redeviendra selem, qui redeviendra talg, jusqu'à ce que le créancier impatienté réclame un gage plus sérieux que la récolte, réclame la terre, le crédit mobilier est devenu immobilier. Si après quelques années l'arriéré est trop grand, on procède à l'exécution du débiteur. Mais la saisie immobilière, que rien ne réglemente en droit musulman, a pour principal défaut la clandestinité. Quand donc le cadi y procédera, il est probable que la vente demeurant ignorée, aucun surenchérisseur ne se présentera ; l'adjudication se fera au créancier pour le montant de sa créance et presque toujours pour un prix inférieur à la valeur réelle de l'immeuble.

Mais le crédit immobilier peut aussi se gager directement sur un immeuble et il est alors beaucoup plus dangereux pour l'emprunteur. Les rahnia's et tsénia's sont les procédés auxquels on a recours en terres melk, soumises à la loi musulmane, la vente à réméré, au contraire, est pratiquée dans les terres francisées. La rahnia est l'antichrèse musulmane. Le débiteur constitue son immeuble en gage, le créancier en jouit, peut faire vendre par le magistrat à l'échéance et est payé par privilège sur le prix ; ces constitutions de gage sont très répandues ; pour un seul canton, celui de Palestro, M. Pouyanne signale les deux tiers des terres cultivables (7.540 hectares, sur 11.593) grevées de rahnia's. Le danger est que l'indigène insouciant, méfiant de l'avenir, ne rembourse pas à l'échéance ; le créancier qui n'a avancé que 20 ou 50 0/0 de la valeur de l'immeuble fait alors vendre, et dans le centre de Palestro, M. Pouyanne n'a relevé qu'un quart de remboursements. Mais encore ce contrat de rahnia contient-il une date de remboursement fixe, chose déplaisante pour un indigène qui voudrait rembourser à sa fantaisie, d'ailleurs la rahnia n'est que tolérée par le droit musulman, c'est une constitution de gage, la garantie d'un prêt et le prêt à intérêt est prohibé. C'est alors que la tsénia a été imaginée. C'est notre vente à réméré, avec cette nuance, cependant, éloquent témoignage des aptitudes différentes des deux peuples, que le droit de rachat, dont l'exercice est limité par notre Code, peut être indéfiniment exercé d'après la loi musulmane. C'est cette apparente analogie du réméré et de la tsénia qui a de si malheureuses conséquences dans l'application du réméré aux terres francisées. Trompés par la ressemblance, les débiteurs musulmans ignorent le délai fatal et il arrive même que leurs créanciers les entretiennent dans cette ignorance. Si le débiteur veut alors un jour s'acquitter, le délai est écoulé et il ne le peut plus (1). Ces conséquences avaient été prévues par les indigènes ; un membre indigène de la commission réunie pour l'enquête Le Hon exposa « que si on déclare que le réméré devra être exercé dans un délai fixe, on favorisera ainsi les spéculations des usuriers, que les Arabes ne sont pas jusqu'à présent assez habitués aux affaires pour qu'on puisse leur imposer des délais précis, passés lesquels les droits de

(1) « La spoliation des indigènes par les rémérés est une véritable surprise quand elle n'est pas le résultat de la mauvaise foi de l'acquéreur qui, loin d'exiger le remboursement de sa créance, refuse quelquefois d'accepter ce remboursement, propose lui-même un nouveau délai et arrive ainsi à la péremption du droit de réméré, à l'accaparement définitif des terres. Cette manœuvre constitue un véritable abus de confiance, car les indigènes ainsi dépouillés étaient ou auraient pu être, en mesure de se libérer à l'époque fixée s'ils n'avaient été dupes de l'apparente générosité de leurs créanciers (Tamborini et de Villedieu, *op. cit.*, communiqué par M. Pouyanne).

'rachat seraient périmés. Ils oublient très facilement la date d'échéance de leurs billets ; il en résultera que les spéculateurs pourront profiter de l'oubli du terme précis pour devenir propriétaires définitifs d'une terre achetée à réméré pour un prix très modique ».

Ainsi donc, l'usure fatale parce que le débiteur n'offre aucune garantie, ses conséquences aggravées par les vaines prohibitions de la loi musulmane et les imprudentes assimilations de la loi française, une spéculation ardente à profiter de ces inconvénients pour acquérir, dans ce pays neuf, les terres vierges et fertiles qu'elle convoite, tels sont les principaux vices du crédit agricole indigène qui, loin d'être un secours pour le fellah, l'a obligé à vendre ce qui lui restait de ses biens. Il n'est pas un rapport fourni à la Commission de protection de la propriété indigène où l'on ne signale les effets de l'usure (1) et aussi leurs dangers. L'arabe peu pratique, manifestait ses inquiétudes par des complaintes (2). L'administration vraiment tutélaire, fit

(1) « Les usuriers constituent un véritable fléau pour la région et par la spoliation constante et progressive des petits propriétaires créent une situation dangereuse au point de vue économique et au point de vue politique. L'appauvrissement du commerce, la diminution dans le rendement et les difficultés dans la perception des impôts, l'insécurité, un malaise général, se traduisant par l'attitude plus arrogante et moins soumise des indigènes, telles sont les conséquences actuelles de cette situation qui pourrait s'aggraver plus tard si des mesures énergiques ne sont pas prises pour enrayer le mal » (Tamborini et de Villedieu, *op. cit.*, communiqué par M. Pouyanne).

(2) Nous empruntons à M. Gourgeot, *op. cit.*, le texte d'une de ces complaintes :

« Nous sommes perdus dans les dettes, c'est Dieu qui l'a voulu, Dieu par cette sentence a décrété l'avilissement de ses créatures. Nous avons beau payer, boucher les ouvertures, les créances augmentent sans cesse. Chaque jour voit surgir un avertissement. Lorsque l'huissier arrive, on croirait voir un aigle ravir tout ce que l'on tient dans

mieux : elle créa une institution, dont à bon droit elle peut être fière, celle des caisses de prévoyance (1).

II

L'insuffisance du producteur indigène, le primitif de son outillage, tant intellectuel que technique et surtout sa molle apathie, ne seraient rien si l'indigène était le seul producteur. Certes, il maintiendrait la production stationnaire et comme à son point mort, mais nul ne songerait à en user autrement. Par la concurrence du colon européen les défauts de l'indigène sont soulignés, les contrastes deviennent frappants et les effets d'autant plus terribles que le premier s'est dépensé tout entier dans la lutte et que le second n'a même pas songé à l'imiter. L'épopée du colon algérien n'a pas sa place ici, mais encore est-il nécessaire de présenter sa physionomie, pour grandir de sa force, toute la faiblesse de l'indigène.

Dans nul autre document peut-être on ne trouve une plus fidèle représentation de la mentalité du colon algérien que dans les procès-verbaux des Délégations financières.

les mains et l'emporter pour lui. Comment peux-tu rire Adda ! Lorsque le premier août s'avance derrière toi ? Il arrive, peuplé de fureurs, bouillant de duretés, c'est l'heure suprême de la mort qui s'approche de toi. Songe, que ce soir ou demain, l'huissier peut te surprendre, te saisir ta jument, t'abandonner à la misère ! Quel remède guérira cette plaie pestilentielle ? Hélas ! nul n'a le pouvoir de délivrer celui qui se débat dans les étreintes des dettes. Comment te vois-je embarrassé ô Adda, comme l'oiseau pris dans un lacet ! Tu as les fers aux pieds et aux mains, tu t'écries, où est celui qui me sauvera. Notre perte c'est l'usure, c'est elle qui perd le monde. »

D'autres chants moins anodins, appellent au secours quelque sultan, ennemi des chrétiens, mais jamais l'indigène ne songe à s'attribuer une part de responsabilité dans son malheur.

(1) Voyez chap. vi.

Cette assemblée est pour lui ce que les États étaient pour nos pères. Elle est consultative, il faut donc que ses membres gagnent la confiance des pouvoirs publics, de la bonne volonté desquels dépendent les résultats. Mais s'il faut être sage et prudent, encore faut-il convaincre, et dans ces quelques semaines, pendant lesquelles on épuise un ordre du jour aussi complexe que celui d'un Parlement et on discute les intérêts d'un pays plus grand que la France, il faut faire entendre toutes les revendications et exprimer tous les vœux. C'est alors le spectacle de la plus prodigieuse et de la plus féconde des activités. Tous ces projets, mûris longtemps d'avance, soit au sein des assemblées locales et des comices, soit par la pensée d'un seul, sont condensés, quintessenciés et présentés tout armés, complets et clairs dans les quelques instants accordés pour leur exposé. Et il faut admirer l'audace de cette pensée jeune et forte, image du sol vierge, qui aborde sans crainte toutes les difficultés ; cette maturité pratique et souple qui sait les résoudre ; cette finesse et cette concision des débats où passe souvent le souffle de plusieurs générations et dont la sobre éloquence sait se garder des vaines phraséologies. Toute l'intelligence du colon est faite de ce bon sens et de cet idéal pratique qui sont le propre de la race, mais affinés par le tact, parés d'une argumentation serrée et rigoureuse, qu'ils doivent à leurs longues luttes contre les choses et les hommes de cette terre d'Algérie.

Leur activité est plus merveilleuse encore. Le tableau de la Mitidja est devenu classique ; on connaît l'extraordinaire fécondité de cette plaine européenne encadrée par les monts violets et l'azur profond africains. Les fermes prospères s'entourent de riches vignobles ; le plant est taillé, sulfaté, écheuillé, soigné comme en France et dans des caves modèles spacieuses, souvent outillées à la vapeur ou à l'électricité, la récolte de milliers d'hectolitres, faite avec science, vient témoigner de l'habileté du viticulteur. Dans les vastes carrés, livrés aux céréales, les bœufs pesants et rêveurs, traînent en se balançant la puissante charrue ; le soc bleuâtre déchire la terre noire et humide, d'où s'exhale une buée floconneuse, qui va s'accrocher aux monts environnants. Et la Mitidja n'est pas seule. La plaine de Bel-Abbès blanchâtre, boueuse en hiver, poussiéreuse en été, a longtemps caché ses richesses sous une croûte de calcaire, semée de cailloux jaunes et roux ; dans ce sol qui semble ingrat une main-d'œuvre nouvelle a apporté des procédés nouveaux. La terre algérienne, où communient dans le travail les Latins, a emprunté à Valence l'irrigation de ses huertas ; partout les canaux apportent leurs eaux fécondantes, l'outillage s'est transformé, le mulet remplace le bœuf, l'Espagnol et le Marocain remplacent l'Arabe. Ce sont là des résultats, mais l'œuvre est bien plus grande dans sa genèse. C'est dans le Chéliff qu'il faut mesurer l'énergie du colon ; dans la plaine sinistre, majestueuse et nue, dont les terres grises, d'argile fiévreuse, couvertes d'une broussaille terne de jujubiers se crevassent en été, sous l'action d'une sécheresse, ponctuée de températures sahariennes. Dans le Sersou aussi, l'immense plateau, encadré par les harmonies des courbes, gracieuses dans leur audace, illuminé par les teintes pures et délicates d'un ciel sec et transparent. Hier encore la nature était souveraine dans ces terres, qui comptent parmi les plus fertiles ; tour à tour des vents brûlants et glaciaux, des gelées tardives ou des siroccos précoces venaient y donner cours à leur fureur de destruction ; la terre était à la broussaille, enracinée dans ce sol vierge qu'elle engraissait de ses morts. Elle y vivait traditionnellement ; elle recule aujourd'hui brûlée, arrachée, laissant à nu la pauvre terre remuée et fouillée où quelques pins marquent ce qui fut jadis le domaine de la libre brousse. La terre est rouge encore, comme de sang, violacée, recouverte de cendre noire ou grise ; à peine vaincue et sur le champ asservie, elle ne produit, rebelle, que de maigres céréales. Quelques blanches racines écorcées, témoins de la lutte, sont les morts de ce champ de carnage. Dans l'œuvre du colon tout est beau, tout est grand et tout est difficile. Les défoncements avec huit bêtes fumantes et tout le poids d'un homme pesant sur le mancheron pour faire mordre la charrue, dans la terre qui se refuse. Les cultures qu'il faut protéger contre les brusques assauts des torrents impétueux ou contre la sécheresse. Les voies de communication qu'il faut demander et ne pas obtenir. La rapide transformation de l'outillage agricole qu'il faut sans cesse s'assimiler. Une surveillance de tous les instants. Le colon doit s'improviser charron ou médecin, maçon, agronome, ingénieur ; par son intelligence et son activité, il est supérieur à notre moyenne métropolitaine.

Il faut savoir de quelle passion est faite leur énergie et leur intelligence et de quelles douleurs cette passion. Nulle lutte n'est plus âpre que la leur. Il semble que la nature prenne plaisir à les jouer. Elle se refuse des années entières et quand l'homme désespère, se croit acculé à la vente, tout à coup elle se fait avenante et dans sa générosité, prodigue tous les bienfaits et toutes les caresses ; les céréales donnent des rendements inespérés, la vigne produit plus de cent hectolitres à l'hectare ; de quelles sueurs et de quelles larmes est arrosée cette terre d'Algérie ! Et si l'on joint à cela les préoccupations du père et du citoyen — car le colon est homme public — quand on y ajoute ses luttes avec l'administration et les indigènes, dont les lentes traditions l'exaspèrent, quand on sait que des ossements français ont donné du phosphate à cette terre, c'est plus que du respect que l'on éprouve pour tant d'acharnement, plus que de la pitié que l'on ressent pour tant de souffrances, c'est de la légitime et fraternelle fierté de dire que ceux-là sont de notre sang, de notre race et qu'ils ont donné le plus magnifique exemple de vitalité d'un peuple, que d'aucuns disent à son déclin.

Les statistiques ont enregistré cet effort et l'ont rendu palpable. En 1891 ils sont 198.975 à travailler la terre, en 1900, 209.546 ; à l'augmentation de la population correspond celle des terres ; celles-ci, qui n'étaient que 1.333.365 hectares en 1891 s'élèvent en 1900 à 1.892.751, soit un progrès de plus d'un tiers, et ces terres ont produit dans une seule année 1.138.303 quintaux de blé tendre, 1.418.680 quintaux de blé dur, 1.618.187 quintaux d'orge et 869·662 d'avoine ; la récolte du vin a été de 5.627.682 hectolitres ; on ne peut évaluer à moins de deux cents millions par an, la valeur totale des marchandises produites par l'activité du colon. En 1891, ils avaient 39.913 chevaux et 48.972 en 1900 ; 25.300 mulets en 1891, 33.423 en 1900. Le nombre de leurs bœufs passe de 136.753 à 148.840, celui de leurs moutons de 322.469 à 372.646 ; ils ne possédaient que 70.284 chèvres en 1891 et en ont 80.882 en 1900 ; 80.882 porcs en 1891 et 81.689 en 1900. Leur cheptel s'est accru de 1891 à 1895 de 35.676 têtes et de 66.220 de 1895 à 1900. Leur matériel agricole qui représentait déjà 22.585.888 francs en 1891, en vaut 24.526.647 en 1895 et 26.731.156 en 1900 ; en dix ans ils ont acquis quatre mille machines nouvelles pour la vinification et plus de treize cents pour la culture de leurs céréales. Leurs charrues progressent d'un millier par an, en dix ans le nombre s'est accru du cinquième.

Quel est maintenant le rapport entre le capital agricole de l'européen et celui de l'indigène ? En 1900, le premier avait en moyenne 9 hectares par tête et le second 2 ; on trouvait un cheval pour 5 colons ou pour 18 indigènes ; 1 mulet pour 6 européens ou pour 24 indigènes. Chez les européens, 3 habitants avaient en moyenne 2 bœufs, mais il fallait 8 indigènes pour en réunir autant ; il est vrai que l'indigène a généralement 2 moutons et que l'européen n'en a qu'un et demi et pour les chèvres la proportion est la même. Le nombre des instruments agricoles est au contraire chez les européens la moitié de celui des habitants et un peu plus du dixième seulement chez les indigènes et si chaque habitant agricole, y compris femmes et enfants, possède chez les colons une moyenne de 127 francs d'outillage, ce chiffre n'est que de 7 francs pour la production indigène. En résumé, on peut admettre que le producteur européen dispose en moyenne d'un capital agricole trois ou quatre fois plus élevé que le producteur indigène.

Mais les revenus sont autrement disproportionnés. Les chiffres suivants indiquent les progrès faits en ces derniers dix ans par les agriculteurs européens et indigènes. Ceux-ci d'abord se reproduisent plus facilement que ceux-là ; 7 0/0 contre 5 0/0 ; mais si le nombre des bouches à nourrir augmente, la quantité des aliments diminue. La propriété rurale européenne s'est accrue de 29 0/0, l'indigène a diminué de 15 0/0, différence au profit des européens, 44 0/0 ; le nombre de chevaux européens est en accroissement de plus de 9 0/0, celui des indigènes diminue de 8 0/0, différence, 17 0/0 ; les mulets européens ont progressé de **24 0/0**, les indigènes ont diminué de **5 0/0**, différence, 29 0/0. Le bœuf, qui chez l'européen s'accroît de 6 0/0, diminue chez l'indigène de **23 0/0**, différence, 29 0/0; les moutons gagnent chez le colon **13 0/0** et diminuent de **25 0/0** chez l'indigène, différence, **38 0/0** et les chèvres accusent chez les colons un progrès de **13 0/0**, et un recul de **4 0/0** chez les indigènes, différence, **17 0/0**. Sur le total de leur cheptel, les européens ont gagné en dix ans plus de **10 0/0** et les indigènes ont perdu **19 0/0**, différence, 29 0/0 ; le gain net des instruments agricoles a été de **14 0/0** chez les européens et de **6 0/0** chez les indigènes.

Ces chiffres sont éloquents. La conséquence naturelle de ces constatations est que l'européen trouve un plus facile crédit que l'indigène et que supérieur intellectuellement, supérieur moralement, supérieur économiquement, il refoulera l'arabe, ne lui laissant que celles des terres qu'il juge trop pauvres pour s'en servir. De 1880 à 1899, en effet, la colonisation a acquis de l'indigène **323.404** hectares(1) et ne lui en a rétrocédé que **91.654** réalisant ainsi un bénéfice de **231.750** hectares. D'après l'administration algérienne cependant, et les auteurs ont suivi cette opinion, le refoulement de la propriété indigène ne se serait opéré que dans quelques régions. La théorie des diversités algériennes interviendrait ici, il faudrait se garder de généraliser et s'il est vrai que quelquefois l'arabe serait sans terre, il arriverait par contre aussi que la propriété européenne reculerait. « Les situations qui avaient été signalées à

(1) Ce chiffre est très certainement inférieur à la réalité. Si, en effet, les indigènes font toujours figurer les prix de vente sur les contrats il n'en est pas de même des superficies. Dans les statistiques, le nombre d'hectares melk vendus est donc en réalité toujours de beaucoup inférieur à celui qui a été atteint.

l'administration et dont on avait dénoncé les dangers existent bien, écrit M. le premier président en transmettant les conclusions de la Commission de protection de la propriété indigène, mais elles sont purement locales. » La commission elle-même dit : « on a pu sans doute signaler quelques faits locaux regrettables, mais ce sont des faits qu'il est impossible de généraliser, qui n'ont pas d'ailleurs l'importance qu'on pourrait redouter..... » et M. Boyer-Banse, étudiant la propriété indigène dans l'arrondissement d'Orléansville dit, avec plus de netteté encore : « La propriété européenne est menacée. » Il serait d'abord permis de faire observer que si le phénomène de refoulement était aussi localisé qu'on veut bien le dire, il devrait être dans les localités atteintes d'une singulière intensité, puisqu'il suffirait à entraîner une baisse générale sur les statistiques de toute l'Algérie. Les spéculations dans quelques arrondissements ou des « faits regrettables », dans quelques communes ne peuvent expliquer un recul qui pour ces derniers dix ans est de 25 0/0 et sans prétendre que ces arrondissements et ces communes soient toute l'Algérie, encore est-il probable qu'ils en représentent la plus grande partie. Mais sans nous arrêter à cette considération *à priori* et par l'examen attentif de la situation dans chaque département, en insistant surtout sur les régions où la propriété européenne serait menacée, il nous sera aisé de réduire la légende du recul de la colonisation, devant la propriété indigène.

D'une manière générale, la colonisation a mieux réussi à l'Ouest qu'à l'Est ; c'est dans le département d'Oran que les indigènes ont perdu le plus de terres et dans le département de Constantine, le moins. A Oran, les indigènes possédaient 3.293.436 hectares en 1883 ; ils n'en ont plus que 2.323.574 en 1888, 2.063.420 en 1894 et 1.923.964 en 1899, soit pour ce département, en moins de vingt ans, une perte de 1.300.000 hectares, environ les deux cinquièmes de la superficie totale. On reconnaît d'ailleurs unanimement que dans ce département la propriété européenne n'est pas menacée et des statistiques établies par le service des domaines il résulte que de 1880 à 1899 les indigènes ont vendu aux européens 189.579 hectares et n'en ont racheté que 12.945, soit moins du quinzième. Ces rachats n'ont d'ailleurs aucun caractère inquiétant par leur groupement. Il n'est pas un seul douar-commune ou en vingt ans, on ait acheté aux européens plus de quatre cents hectares et ceux des douars qui approchent de ce chiffre ont vendu dans ce même délai plusieurs milliers d'hectares aux européens. Fort probablement donc, ces rachats ont un caractère spéculatif. D'ailleurs, des rapports fournis pour ce département à la Commission de protection de propriété indigène, il n'en est qu'une infime minorité qui ne signalent la situation au point de vue indigène comme très mauvaise, inquiétante ou déplorable. Dans tout ce département on ne peut nier le refoulement.

Dans le département d'Alger les alarmes sont-elles plus fondées ? Les indigènes possédaient 2.568.809 hectares en 1882, 2.551.771 hectares en 1887, 2.505.565 hectares en 1892 et 1.862.790 hectares en 1899. En vingt ans ceux-ci ont perdu plus de sept cent mille hectares, soit environ les trois dixièmes de ce qu'ils avaient ; c'est une moins forte diminution que celle d'Oran (2/5), mais encore l'indigène oranais est-il favorisé par rapport à l'algérois, car celui-ci ne possède en moyenne qu'un hectare et demi et celui-là en possède trois. Si maintenant on consulte les statistiques du service des domaines, on constatera que de 1880 à 1899 les indigènes ont vendu 65.167 hectares et en ont racheté 22.351 soit plus du tiers. La proportion est encore ici beaucoup plus forte qu'à Oran (1/15) et de plus ces rachats sont inquiétants par leur groupement. Nous trouverions donc ici des régions où la propriété indigène l'emporterait sur la colonisation, les succès seraient balancés, il y aurait tendance à répartir également les terres.

Les rachats du département d'Alger présentent une double particularité : ils sont groupés dans un espace de temps limité et localisés dans quelques régions. D'abord ils se sont faits dans ces dernières années. C'est ainsi que la moitié des terres de colonisation, vendues depuis 1880 (3.161 hectares sur 6.868) l'ont été depuis 1895, que depuis 1895 aussi, on a acheté la moitié des melk (3.324 hectares sur 6.902) et enfin que sur les 8.581 hectares vendus en 20 ans en terre francisée 5.281 l'ont été depuis 1895. Et l'on peut indiquer deux foyers de rachat, le premier est Orléansville qui absorbe plus des trois quarts des terres francisées (6.645 hectares sur 8.581) ; le second est la Kabylie, Aumale, Bouïra, Tizi Ouzou rachètent des melk et des terres de colonisation. Réservons pour l'instant la Kabylie, reste le Chéliff. Les populations du Chéliff sont parmi les plus misérables de l'Algérie. Les médecins de l'hôpital d'Orléansville ont pu affirmer que la majeure partie des indigènes qu'ils traitaient étaient surtout malades de faim. La situation fut tellement alarmante, la disette et la famine prenant un caractère endémique, que le gouverneur général prescrivit une enquête. La commission qui en fut chargée se réunit en 1897-1898 et son président, l'éminent M. Lecq, inspecteur général de l'agriculture de l'Algérie, résumant les avis des fonctionnaires et des colons composant la commission, s'exprimait en ces termes sur la situation économique des indigènes de la région.

« En 1867-1869, la population des tribus était d'environ
100.000 individus ; dans l'espace de 30 ans, on constate une
augmentation de plus de 20.000 âmes, on serait porté à voir
dans cet accroissement de population un indice de prospérité. Il
n'en est malheureusement rien. L'examen comparatif du cheptel suffit à le prouver. En effet, on voit que le nombre des
charrues a diminué, ainsi que celui des animaux employés à
les actionner, bœufs, chevaux et mulets. Le nombre des chèvres
augmente au contraire. L'indigène tend à revenir au système
pastoral : de plus en plus il abandonne la charrue pour exploiter, au moyen du bétail, les seules ressources qu'offre la végétation spontanée.

« La superficie des terres possédées par les indigènes est
tombée de 410,893 hectares en 1867-1869, à 380,949 hectares en
1897, soit une différence en moins de près de 30,000 hectares,
qui ont été prélevés, dans les meilleures régions, par la colonisation. Il s'en suit qu'en laissant de côté les terres cédées par
les indigènes aux Européens, on compte, dans une contrée naturellement peu fertile, à peine 3 hectares 1/5 par tête d'indigène, tandis que le rapport de la population agricole européenne,
en Algérie, à la superficie des terres qu'elle possède, est de
7 hectares pour un individu.

« Il est bon, à ce sujet, de remarquer que, si une population
relativement nombreuse parvient encore à vivre misérablement,
il est vrai, sur une étendue de terre aussi faible, ce résultat,
loin d'être dû à la perfection des procédés agricoles et à l'intensité de la culture, n'est obtenu que grâce à l'extrême sobriété
de cette population dont les besoins les plus impérieux sont à
peine satisfaits. Il faut observer, en outre, que dans la vallée
du Chéliff, région à culture extensive, les indigènes, en compensation des terres qu'ils n'ont plus, n'ont bénéficié que dans
une bien faible mesure des salaires que la culture européenne,
surtout dans les centres viticoles et à culture intensive, paie à
la main-d'œuvre et auxquels les indigènes participent, salaires

qui, annuellement, atteignent, pour toute l'Algérie, le chiffre considérable de 35 à 40 millions de francs.

« Malgré la diminution de la richesse, les impôts ont augmenté. Leur chiffre s'est élevé de 404,823 francs à 526,502 francs. Si l'on ne tient compte que des tribus pour lesquelles on possède le chiffre des impôts payés aux deux périodes de 1866-1869 et de 1897, on voit que l'impôt, par tête, était dans la première période de 5 fr. 53 et qu'il est aujourd'hui de 6 fr. 09.

« Si faible qu'il soit, d'une manière [absolue, l'impôt n'en constitue pas moins une charge très lourde, si l'on considère qu'il représente une part importante des ressources totales dont dispose en moyenne chaque indigène.

« Ajoutons à ces charges d'autres causes d'appauvrissement : l'usure qui sévit avec d'autant plus d'intensité que le pays est plus malheureux, la constitution de grands domaines, véritables *latifundia*, dont la formation a été facilitée par la substitution de la propriété individuelle à la propriété collective et a eu pour effet d'augmenter le nombre des métayers (khammès) en diminuant celui des cultivateurs propriétaires (fellahs). »

On peut trouver étrange que ce soient les tribus les plus malheureuses qui fassent la plus sérieuse concurrence à la colonisation et réussissent même à la menacer, à la mettre en échec. Le paradoxe n'est qu'apparent. L'arrondissement d'Orléansville est un de ceux où la spéculation a le plus cruellement sévi ; la licitation y fut florissante (voy. p. 94) ; ceci se passait avant 1890. Mais les terres acquises par les spéculateurs demeuraient en friches ; la colonisation, mal préparée aux cultures irriguées, faisait son apprentissage et n'avait aucun besoin de terres et la sécheresse qui sévit jusqu'en 1897 amenait chez les indigènes une si affreuse détresse qu'il fallut pour les sauver, organiser des chantiers de charité. Dans ces dernières années les récoltes ont été exceptionnellement heureuses, l'indigène qui avait vendu à un spéculateur ses terres pour quelques francs, les rachète pour le centuple. D'où les rachats. Ce sont ces oscillations et ces honteux profits qu'on veut présenter comme des menaces pour la colonisation. Rien n'est plus inexact. Les indigènes qui rachètent aujourd'hui ne sont pas des concurrents du producteur européen, ils revendront quand les années redeviendront mauvaises. Et quand la colonisation, ayant perfectionné ses procédés, se sera assimilée les nouvelles cultures, ce ne sera pas l'indigène qui l'empêchera de s'emparer de ces terres que la spéculation prend et relâche aujourd'hui pour son plus grand profit.

Reste enfin le département de Constantine. Les terres indigènes y ont à peine été entamées ; en 1882, la propriété indigène y détenait 2.960.222 hectares, chiffre intermédiaire entre la superficie des deux autres départements et aujourd'hui encore elle est de 2.378.949 hectares, chiffre de beaucoup supérieur à ceux d'Oran et d'Alger. A Constantine, les indigènes n'ont perdu que deux dixièmes de leur territoire, alors qu'à Alger c'étaient trois dixièmes et quatre dixièmes à Oran. Encore ne faudrait-il pas déduire de cette constatation des conséquences exagérées ; à Constantine l'indigène ne dispose en moyenne que de deux hectares, c'est-à-dire d'un demi-hectare de plus qu'à Alger et d'un hectare de moins qu'à Oran. Mais les rachats sont dans l'Est bien plus développés que dans l'Ouest ; la proportion n'est plus d'un quinzième comme à Oran ou d'un tiers comme à Alger, mais des sept huitièmes ; 61 0/0 des terres vendues de 1880 à 1899 par les européens à des indigènes dans toute l'Algérie l'ont été dans le département de Constantine. Les 56.358 hectares vendus par les européens se répartissent en 22.065 hecta-

res en territoire de colonisation, 27.300 en territoire melk
et 6.993 hectares seulement en terre francisée. Ici encore
il y a un groupement, les rachats sont localisés, mais,
alors que dans le département d'Alger, cette localisation
était double, se manifestait dans l'espace et dans le temps,
dans le département de Constantine elle est simple. Il y a
quelques régions, où bon an mal an les indigènes font d'importants achats. Cette constatation n'a pas manqué d'attirer l'attention ; nous assisterions donc dans ces régions
à un phénomène de recul de la colonisation. Mais quelles
sont ces régions ? Ce sont les grandes villes qui sont les
plus menacées et Constantine même, le chef-lieu du département, a vu en vingt ans opérer la moitié des rachats de
tout le département. C'est un symptôme rassurant et la
bizarrerie est aussi grande ici qu'elle l'était à Alger. Dans
ce dernier département les populations les plus miséreuses
menaçaient seules la colonisation ; ici l'indigène ne dispute
pas les terres aux pionniers ; il attaque la colonisation
dans ses places fortes, dans les lieux où elle est le plus
solidement retranchée, dans les régions dont l'outillage
économique est le plus parfait et où par conséquent l'européen peut donner le mieux sa mesure. C'est ainsi que
sur 27.300 hectares de melks vendus dans le département,
20.037 l'ont été à Constantine même, Mila 1.367 hectares,
Saint-Arnaud 755, tous deux dans l'arrondissement de
Constantine, Sétif 781 hectares, importante sous-préfecture,
parfont la différence, car les autres bureaux figurent tous
pour moins de 300 hectares. De même pour les 22.065 hectares de terres de colonisation, Mila et Oued Atmenia, centres importants de l'arrondissement de Constantine, Batna,
Bordj Bou Arréridj, Sétif, figurent pour 16.706 hectares ;
enfin la moitié des terres francisées environ, 3.148 hecta-

res sur 6.993, ont été vendues à Philippeville ; Constantine et Sétif se partageant le reste.

Il est possible d'expliquer en partie ces rachats par la spéculation; il est naturel que celle-ci se soit manifestée le plus volontiers dans les grands centres où les capitaux sont les plus abondants (1) et il est fort possible qu'une même terre, achetée et vendue pour être rachetée et revendue soit venue grossir artificiellement les statistiques. Les privilèges financiers peuvent aussi y être pour quelque chose. Il est en effet bon de remarquer que les rachats se font dans les régions qui jouissent d'immunités d'impôts. Tout naturellement les indigènes qui vivent près des villes échappent au zekkat. les terres ont trop de valeur pour qu'on puisse les abandonner aux troupeaux ; ils ne paient pas la lezma puisqu'ils n'habitent ni la Kabylie, ni le Sud ; enfin toutes ces villes et Constantine notamment, sont exemptes de hokor ; l'indigène ne paie donc que 25 francs d'achour, alors que dans le reste du département il en paie au moins une quarantaine. Pour peu que les propriétés soient morcelées, que les jardins de moins d'un hectare soient fréquents, et c'est le cas pour Constantine par exemple, l'achour n'est pas perçu et notre fellah ne paie rien. Mais surtout l'explication est dans la torpeur de la colonisation. Avant de se plaindre de l'obstacle qu'apporterait la propriété indigène à son développement, la colonisation aurait dû montrer quelque activité. C'est dans le département de Constantine que le colon est le mieux pourvu. Il y détient en moyenne 12 hectares, alors qu'à Alger la moyenne n'est que de 10 et de 7 seulement à Oran. Mais c'est dans le département de Constantine aussi, que le colon travaille le moins ; les

(1) Sétif, notamment, est un foyer de spéculation.

détestables locations de terres aux propriétaires dépossédés y sont pratiquées sur grande échelle. Pour exploiter leurs 525.155 hectares, les colons de Constantine ne disposaient en 1900 que de 26.075 instruments agricoles valant 4.989.989 francs, alors que dans le département d'Oran, où les surfaces imparties à la colonisation sont à peu près les mêmes (546.711 hectares), les colons avaient 57.720 instruments valant 11.365.739 francs. Certes, dans le département de Constantine la colonisation est plus menacée que dans les autres départements, mais elle doit s'en prendre à elle-même de sa faiblesse. Et quand, par leur travail, les colons s'y seront montrés dignes des terres qu'ils ont déjà — terres plus que suffisantes pour leurs besoins — il est probable qu'ils triompheront dans l'Est comme ils ont triomphé dans l'Ouest et dans le Centre de la colonie. Il n'y a pas de victoire sans luttes.

Il y a une seule région de la colonie où la propriété indigène est un obstacle invincible à la pénétration de la colonisation : c'est la Kabylie. Les qualités du kabyle sont connues ; il n'aime pas platoniquement sa terre comme l'arabe des plaines, il sait la mériter par son travail. Dans ses montagnes, la colonisation n'a jamais pénétré et ne pénétrera jamais, leurs pauvres versants ne sont d'ailleurs pas pour la tenter ; mais autour de cette citadelle, il est des plaines comme celle du Sebaou, des plateaux comme ceux de Bouïra, des contreforts comme tout le riche pays entre Dra el Mizan et Ménerville, qui en sont comme les glacis et dont les terres sont parmi les plus fertiles. A la suite de l'insurrection de 1871, ces terres séquestrées ont été livrées à la colonisation. Il est des régions où celle-ci s'est solidement implantée et sans progresser, se maintient, mais il en est d'autres où il y a recul. Les anciens

propriétaires louent les terres des colons ; il est des locations qui atteignent une centaine de francs à l'hectare ;
quand le kabyle a suffisamment épargné, il rachète. Il est
difficile d'évaluer exactement la superficie des rachats ;
dans la plupart des pays kabyles la terre est melk et dans
les contrats les superficies sont passées sous silence ou
déterminées approximativement. L'imagination promptement alarmée des Algériens a exagéré le danger, on a parlé
d'un péril kabyle et la Chambre d'agriculture d'Alger émit,
au lendemain même de sa création, un vœu tendant à
interdire aux indigènes — on visait les kabyles — l'achat
des terres de colonisation. Ces ostracismes sont toujours
odieux, mais ils le sont surtout quand ils sont proposés
par ceux qui depuis 1870 ont réclamé pour l'indigène les
bienfaits de la liberté. Ils ont la liberté de vendre, il faut
leur laisser celle d'acheter. La terre doit être au plus
digne, c'est en principe le colon et il est légitime qu'on fa-
cilite ses acquisitions, mais quand l'indigène, sans nul
appui officiel et par ses seules qualités de labeur et d'économie, peut concurrencer avantageusement le colon, il
convient d'encourager chez lui aussi des preuves d'énergie
qui ne peuvent qu'être profitables à l'Algérie (1). D'ail-

(1) Il n'est pas admissible, comme la chose se passe trop souvent en
Kabylie, que le colon se borne à sous-louer à l'indigène, la terre qu'il
a obtenue par concession et que l'assassinat de ses prédécesseurs constitue ainsi pour lui un titre de rente. On nous avait signalé cet abus à
Azazga ; dans les documents de l'enquête pour la protection de la propriété indigène la même observation est faite par les administrateurs
du Guergour, de la Soummam. « On est malheureusement contraint
de constater que la plus grande partie des propriétaires des terres (concessionnaires ou acquéreurs) ne font pas valoir eux-mêmes leurs propriétés » (administrateur de Takitount).

Déjà on apporte des entraves à la libre expansion de la propriété
kabyle. Le rapport d'Akbou dit que « les indigènes de la région seraient

leurs, il ne faut pas exagérer ; le kabyle montagnard ne marchera pas de sitôt à la conquête de la plaine. Le voudrait-il, il lui manquerait encore les connaissances et les capitaux. Il y a place en Algérie et pour lui et pour nous.

Il est permis de conclure que le colon a fait à l'indigène une concurrence des plus désastreuses. Les rachats auxquels en ces dernières années on a prêté une importance excessive, n'ont rien d'anormal quand on les analyse avec quelque impartialité. A part la Kabylie, il n'est pas une seule région où la colonisation ne puisse pénétrer et écraser de sa supériorité la production indigène. Quelle est la situation faite aux vaincus de ces ardentes luttes économiques ? Le brusque contact avec une civilisation nouvelle et des procédés nouveaux a jeté la perturbation dans leur système de production. Pour la première fois, ils ont vu des hommes désireux de s'enrichir par le travail; nous aurons à rechercher dans quelle mesure cette transformation économique leur a profité, mais il importe avant, d'insister sur un point qu'à plusieurs reprises nous avons déjà effleuré : le déclin de la production indigène, la misère qui en résulte pour les populations, résultats de cette concurrence loyale mais par trop inégale. Les tableaux suivants ne feront que trop ressortir ce déclin.

III

La propriété indigène diminue.

1re Période : 1882-1886. Moyenne d'hectares : 8.188.410

des concurrents très sérieux aux adjudications des biens domaniaux si l'administration ne leur interdisait pas de prendre part aux adjudications » (*Documents de la Commission de protection de la propriété indigène*).

(maximum : 8.698.694, en 1883 — minimum : 7.787.738 en 1886).

2e Période : 1886-1891. Moyenne d'hectares : 7.551.282 (maximum : 7.855.349 en 1887 — minimum : 7.333.399 en 1891).

3e Période : 1891-1896. Moyenne d'hectares : 7.113.113 (maximum : 7.875.177 en 1893 — minimum : 6.755.043 en 1896).

4e Période : 1896-1900. Moyenne d'hectares : 6.667.895 (maximum : 7.496.111 en 1897 — minimum : 6.161.150 en 1899).

En vingt années, les indigènes ont perdu plus de deux millions d'hectares représentant, à raison de cinquante francs l'hectare, cent millions de francs ; leurs propriétés ont été réduites d'un quart. En même temps la production diminuait ; le blé dur, qui est leur principale nourriture, tombe de 4.716.062 quintaux (rendement moyen de la période 1890-1895) à 4.576.127 quintaux (rendement moyen 1895-1900) ; l'orge, de 7.734.046 quintaux à 6.986.056 ; le maïs, de 50.900 quintaux à 46.022 ; les fèves, de 163.120 à 118.681 ; le bechna, de 152.441 à 131.854.

Le cheptel du petit fellah se compose de bœufs, moutons, chèvres et ânes ; en voici les variations.

Bœufs. —En 1867, avant la grande famine, leur nombre était évalué à 1.004.247 têtes ; en 1869, immédiatement après la famine, on n'en compte plus que 623.278. Mais le troupeau se reconstitue ; les bœufs sont 639.771 en 1871, 908.551 en 1874 ; en 1876 le million est dépassé et en 1878 les effets de la famine sont réparés (1.090.829 têtes). Voici les chiffres des derniers quinze ans ;

1re Période : 1885-1889. Moyenne : 1.068.446 (maximum : 1.098.520 en 1888 — minimum : 1.025.355 en 1885).

2ᵉ Période : 1889-1894. Moyenne : 1.071.469 (maximum : 1.102.771 en 1890 — minimum : 1.001.832 en 1894).

3ᵉ Période : 1895-1899. Moyenne : 930.987 (maximum : 985.492 en 1895 — minimum : 854.487 en 1898) ; en 1900 : 846.711 têtes. En quinze ans les indigènes ont perdu plus de deux cent mille bœufs, le cinquième de leur troupeau, représentant à raison de cinquante francs par bœuf : dix millions.

Moutons. — En 1867, avant la famine, on les évaluait à plus de six millions et demi, ce chiffre fut depuis atteint et dépassé. Mais voici les moyennes des derniers quinze ans :

1ʳᵉ Période : 1885-1889. Moyenne : 9.318.069 (maximum : 10.538.578 en 1887 — minimum : 7.458.436 en 1885).

2ᵉ Période : 1889-1894. Moyenne : 8.537.382 (maximum : 9.166.454 en 1893 — minimum : 7.361.863 en 1894).

3ᵉ Période : 1894-1899. Moyenne : 7.158.215 (maximum : 7.540.570 en 1895 — minimum : 6.637.501 en 1898).

En 1900 : 6.351.306 moutons. En quinze ans les indigènes ont perdu plus de deux millions de moutons, soit près du quart de leur troupeau ; à raison de dix francs par mouton : vingt millions.

Chèvres. — Celles-ci sont évaluées à plus de 3.300.000 avant la famine de 1867, dès 1873 ce nombre est atteint de nouveau et se maintient alors, avec quelques oscillations pendant une dizaine d'années. Mais voici les moyennes des derniers quinze ans :

1ʳᵉ Période : 1885-1889. Moyenne : 4.480.172 (maximum : 4.798.684 en 1887—minimum : 4.146.218 en 1889).

2ᵉ Période : 1889-1894. Moyenne : 3.661.756 (maximum : 3.868.220 en 1890 — minimum : 3.296.907 en 1894).

3e Période : 1894-1899. Moyenne : 3.474.810 (maximum : 3.671.864 en 1899 — minimum : 3.289.757 en 1896).

En 1900 : 3.482.215 chèvres. En quinze ans les indigènes ont perdu le quart de leur troupeau, plus d'un million de chèvres ; soit à raison de cinq francs par chèvre : cinq millions de francs.

Ânes. — Avant 1867, ceux-ci étaient estimés à plus de deux cent mille et ce chiffre fut de nouveau atteint en 1883. Voici les moyennes des quinze dernières années :

1re Période : 1885-1889. Moyenne : 278.788 (maximum : 293.680 en 1888 — minimum : 260.315 en 1885).

2e Période : 1889-1894. Moyenne : 278.722 (maximum : 286.565 en 1890 — minimum : 262.497 en 1894).

3e Période : 1894-1899. Moyenne : 259.706 (maximum : 274.866 en 1895 — minimum : 253.366 en 1899).

En 1900 : 255.426 ânes. En quinze ans les indigènes ont perdu vingt-cinq mille ânes, soit à raison de dix francs par âne : deux cent cinquante mille francs.

Les diminutions sont moins sensibles pour les animaux qui n'ont pas un caractère nettement agricole. C'est ainsi que les chevaux, dont l'élève, encouragée par les achats de la remonte, se fait en dehors de la zone de culture intensive du Tell, oscillent entre 150 et 200.000 individus, que le mulet dont se sert surtout le commerçant kabyle, est stationnaire et ne dépasse pas 120.000 individus et que la race cameline, qui n'apparaît pas dans le Tell compte environ 250.000 représentants. Si chez ces races il n'y a pas progrès, au moins n'y a-t-il pas de recul progressif et c'est assez pour qu'on puisse dire la situation favorable. Cette tendance au recul de la production indigène a déjà sa gravité, mais celle-ci est singulièrement accrue par l'augmentation constante de la population ; en même temps que le capital diminue, le nombre des participants augmente ; les parts deviennent plus petites. En 1881, la population agricole indigène comprend 2.365.691 individus ; en 1885, 2.732.512 ; en 1890, 3.076.509 ; en 1895, 3.254.724 ; en 1900, 3.465.194, soit donc une augmentation d'environ 50.000 individus par an. Et cette progression est égale dans les trois départements. Si de 1881 à 1890, Alger s'élève de 920.412 à 1.144.381, Oran, passe de 494.075 à 569.442 et Constantine de 951.174 à 1.362.686 ; de 1890 à 1900 la population agricole du département d'Alger progresse de 3.076.509 à 3.465.194, celle d'Oran de 1.144.381 à 1.174.578, celle de Constantine de 1.362.686 à 1.601.202. Voici les chiffres par lesquels se traduit l'appauvrissement dû à la double cause du recul de la production et de l'augmentation de la population. En 1885, les 2.732.512 habitants agricoles indigènes de l'Algérie avaient en moyenne 2 hectares 10 ares par individu ; leurs 3.465.194 descendants en 1900, n'ont plus que 1 hectare 70 ares. En 1887, cinq indigènes avaient deux bœufs, en 1900 il en faut neuf pour en avoir tout autant. En 1885, deux arabes avaient en moyenne cinq moutons, en 1900 ils n'en ont pas quatre ; et si aux mêmes dates les ascendants avaient trois chèvres pour deux habitants, les descendants ont à peine chacun la leur.

Et dans certaines régions ces différences sont plus notables, notamment dans cette région du Chéliff où suivant d'aucuns, les indigènes rachetant, seraient parmi les plus riches d'Algérie. Ces malheureux, qui étaient 100.650 en 1867, sont 121.614 en 1897, ils payaient 526.502 francs à cette date et 404.823 seulement trente ans avant ; c'est donc, dira-t-on, que leur richesse a augmenté, puisque les impôts arabes sont des impôts sur le revenu. Or, en 1867, ils possédaient 419.893 hectares et labouraient 5.142 charrues; en 1897, ils ont 380.949 hectares et 4.835 charrues. Seraient-ce alors leurs bestiaux qui auraient provoqué la hausse des impôts ? Les chevaux et mulets tombent en trente ans de 7.330 à 3.392, leurs bœufs de 24.852 à 18.242, leurs moutons de 136.871 à 107.773, leurs chèvres — la bête de misère — seules ont passé de 43.357 à 56.783 têtes. La production diminue, la population augmente, les impôts deviennent plus lourds. Dans cette plaine du Chéliff il y a des tribus heureuses qui en perdant leurs terres se sont vues décharger des impôts, mais que dire des Mekhalia's par exemple, qui payent 22.061 francs en 1867 pour 5.027 habitants possédant 21.335 hectares et qui en 1897, paient 28.605 francs pour 4.980 habitants possédant 20.182 hectares, ou des Akerma's Cheraga qui ne labourent que 286 charrues en 1897 contre 441 en 1867, car leur population est tombée de 4.272 à 3.436 et dont cependant les impôts s'élèvent de 22.904 à 29.524 francs. Mais il y a mieux encore : les Mehal's abandonnent 1.091 hectares à la colonisation, soit le neuvième de leurs terres, ils sont demeurés à peu près stationnaires (2.679 en 1869, 2.670 en 1897) et leurs impôts sont portés de 14.404 à 26.260 francs !

Tous ces chiffres sont des moyennes et ces moyennes doivent être corrigées. Il y a parmi les indigènes des riches et des pauvres. Cela est surtout vrai dans le Sud et sur les plateaux ; dans le Tell la misère commune a opéré le nivellement, mais encore en trouve-t-on qui possèdent quelques centaines d'hectares et si ceux-ci sont rares, les premières familles du douar, celles qui fournissent les adjoints, possèdent souvent cinquante hectares. Ces favorisés diminuent d'autant la part du paysan, mais ils la diminuent surtout par les spéculations. L'indigène per-

sonnage de conséquence, a de constants besoins d'argent ;
il sera le premier à spéculer sur la pauvreté de son cor-
religionnaire, à abuser de sa richesse comme il abusera de
son autorité. Les chiffres fournis par le service des domaines donnent à ce sujet d'utiles indications. Le
montant des transactions sur terres indigènes détenues
par des propriétaires indigènes s'est élevé de 1880 à 1899
à 60.181.261 francs, alors que le mouvement total des
transactions entre indigènes d'une part et israélites ou
européens de l'autre n'atteignait que 45.889.462 francs.
Les rahnia's et tséniu's facilitent ces spéculations qui sont
signalées dans plusieurs des rapports de la Commission
d'enquête pour la protection de la propriété indigène (1).

De bons esprits se sont alarmés. Le préfet d'Oran

(1) « Depuis plusieurs années, dit l'administrateur de Tablat (Alger),
les mauvaises récoltes ne sont succédé. Le fellah ruiné a successi-
vement vendu à rahnia toutes ses terres à des voisins plus fortunés et
est devenu le khammès de son acheteur. La rahnia entre musulmans
est la grande plaie de l'agriculture et la pente la plus facile à la ruine
pour l'indigène ».

« On affirme que dans la commune de Nedroma, dit le notaire
de Nemours (Oran), la presque totalité des tribus des Souhalia's et de
Zaouiet el Mira et une grande partie de la tribu des Djebala's, seraient
devenues la propriété de 8 ou 10 familles de Nemours et des Souhalia's.
Ces indigènes ont vendu leurs terres par suite de la misère résultant
des mauvaises récoltes. »

« L'administration dans son enquête, est-il écrit dans une brochure
du comice agricole de Sétif, est surtout guidée par la pensée d'empêcher
la spéculation et l'accaparement ; mais ce qu'elle ignore, c'est que cette
spéculation est déjà chose faite au profit des Arabes riches qui, au
moyen de la vente à réméré, sont arrivés à accaparer les meilleures
terres dans chaque tribu. Donc, depuis de longues années déjà, ce ne
sont plus les véritables propriétaires du sol qui cultivent leurs terres,
mais un prêteur d'argent auquel ils les ont cédées en jouissance jusqu'au remboursement de la créance » (Exemples cités par M. Pouyanne :
Contribution à l'enquête sur la propriété indigène, art. cit.).

s'exprimait en ces termes au Conseil supérieur de l'Algérie (séance du 31 janvier 1899) : « Si les indigènes sont plus portés que les européens à commettre des crimes, leur tempérament, leur état mental et le peu de respect que leur inspire leur religion pour l'infidèle en sont certainement cause, mais une incitation plus puissante vient s'ajouter à ces dispositions naturelles ou morales, c'est la nécessité qui est la plus impérieuse de toutes les lois, c'est le struggle for life. Quand l'indigène se débat contre les affres de la misère, quand la faim le pousse, aucune considération morale ne le retiendra, aucune crainte de répression ne l'arrêtera. La répression c'est l'avenir qui est à Dieu, la faim c'est le présent, tyran contre lequel on ne lutte pas. Donc, pour améliorer la sécurité ce qu'il faut, avant même une répression plus rapide des crimes ou des délits, ce sont des mesures de prévoyance et d'assistance. »

Un sociologue distingué, M. Billard, depuis sous-préfet d'Orléansville, était tout aussi pessimiste : « Mais pour la race arabe et plus généralement pour la catégorie propriétaire, le fait caractéristique de la situation est la descente continue de toutes les classes jadis aisées vers un niveau de plus en plus bas, dont le terme fatal semble devoir être le prolétariat. Dans un pays tel que l'Algérie, les meilleures terres sont dans les vallées : toutes aujourd'hui sont occupées par l'élément européen. Il reste à l'indigène des steppes ou des montagnes. Quand on y fait la part des forêts, des broussailles, des rochers, des ravins, des crêtes pierreuses, abruptes, stériles, on voit que toutes les comparaisons fournies par les chiffres officiels reposent sur de pures fantasmagories. La vérité est qu'étant donnée la pauvreté de l'indigène, il lui faut toute sa

sobriété pour ne pas mourir de faim. Sans doute —
l'exemple de la Grande-Kabylie le prouve — il n'est
pas impossible à l'industrie humaine de transformer
des pierres en figues et en olives. Mais, abstraction faite
des différences d'aptitude entre les races, c'est là un
travail séculaire et en attendant qu'il puisse être réalisé,
des générations entières auront le temps de mourir...
Comme éleveur, l'indigène a été plus éprouvé encore que
comme cultivateur. Son mode d'élevage exige des étendues considérables, or il a perdu dans tout le Tell d'abord,
les terres occupées par la colonisation, puis la jouissance
de toutes les forêts qui lui fournissaient en pacage des
ressources considérables ; enfin, parmi les terres de montagnes qui lui restaient, une grande partie des parcours
se trouve encore supprimée pendant une grande partie de
l'année par la nécessité de les soumettre au labourage...
En même temps que le propriétaire indigène voyait diminuer le chiffre brut de ses ressources, il sentait s'alourdir
le poids de ses charges... Il paie au moins le double,
peut-être le triple des impôts traditionnels... » Et après
avoir rappelé pour mémoire « les frais d'une justice mal
adaptée aux conditions morales et économiques du peuple
indigène » et « les sévérités du service forestier », le
sous-préfet conclut ainsi : « Toutes ces causes acculent le
malheureux fellah à l'emprunt. L'incertitude et l'obscurité
de ses droits de propriété ne lui permettent pas d'avoir recours aux banques ordinaires. Les nouvelles sociétés de prévoyance sont encore trop pauvres pour pouvoir consentir
autre chose que des prêts dérisoires, hors de toute proportion avec les besoins réels. Dès lors, il est fatal que dans
ces conditions, la propriété indigène se fonde lentement
mais sûrement, dans le creuset de l'usure. Si l'on estime,

comme moi, que cette chute du peuple indigène dans le prolétariat constitue un grave danger pour l'avenir, qu'elle nous enlèverait notre moyen d'action le plus puissant sur la race vaincue, qui est la crainte du séquestre, qu'elle ouvrirait dans la colonie une question sociale d'autant plus farouche qu'elle se grefferait sur des antipathies de race et de religion, on en conclura qu'il est temps de songer aux moyens de prévenir une telle éventualité. »

Le 29 mars 1898, le Conseil de gouvernement, assemblée uniquement composée de fonctionnaires, émettait un vœu qui était l'écho de ces alarmes et pour y déférer, le gouverneur général Lépine, institua une commission en vue d'étudier les mesures propres à assurer la protection de la propriété indigène. Il est rare qu'une commission aboutisse à un résultat pratique ; mais l'œuvre de celle-ci fut particulièrement insuffisante. Elle résolut de procéder à une vaste enquête en Algérie et rédigea à cet effet un questionnaire auquel toutes les assemblées, tous les fonctionnaires et tous les particuliers furent invités à répondre. L'intention était excellente. Mais puisqu'on avouait ne rien savoir, il eût fallu tout demander et surtout des faits précis ; des chiffres sur les superficies respectives des propriétés européenne et indigène et sur leur mise en valeur, sur la superficie des terres cultivables restant aux indigènes et la répartition entre grands, moyens et petits propriétaires. Il eût été bon de compléter ces renseignements par d'autres sur l'outillage, les procédés de culture, sur le crédit, sur le chiffre des ventes et la destination des terres vendues. Enfin, pour compléter ces données, on pouvait solliciter des avis, tant sur la situation actuelle que sur les améliorations qu'il serait possible d'y apporter. De la sorte on eût procédé à ces enquêtes locales, que M. Pouyanne estime, à bon droit, devoir être la base de notre politique économique indigène.

Or, on ne demanda pas de faits précis, mais des opinions. Les fonctionnaires ne furent pas invités à indiquer la situation existant dans leur circonscription, mais celle qui devrait y être. On ne trouve que des Faut-il? et des Pourrait-on? dans ce questionnaire. Cette procédure était l'arrêt de mort de la commission. Elle se condamnait à enregistrer les avis qu'on voulait bien lui faire parvenir, sans être en mesure de les contrôler. Elle ne pouvait plus dresser un instructif tableau de la situation de la propriété indigène en Algérie, mais seulement un stérile inventaire, plus ou moins complet, des opinions plus ou moins contraires sur la matière. Aussi les procès-verbaux des séances sont-ils d'une rare indigence. Les réponses dépouillées, souvent intéressantes mais rarement documentées, étaient enregistrées et résumées. Cette enquête économique fut dépouillée comme un scrutin. On émit en fin de compte quelques conclusions vagues et optimistes ; on n'indiqua aucun remède puisqu'on n'avait pu définir aucun mal. Incapable de démêler la vérité, dans le chaos des avis contraires qui lui parvenaient, la Commission de protection de la propriété indigène se retrancha derrière la théorie des diversités algériennes, attribuant à l'objet de ses études une imprécision qui était le fruit de ses défectueuses méthodes. Sans mériter le reproche de généraliser hâtivement il est permis de se montrer plus affirmatif. Déjà M. Pouyanne, après avoir dépouillé les documents de l'enquête écrivait : « En résumé, la petite et la moyenne propriété indigène, paraissent présenter à l'heure actuelle, une tendance générale, mais plus ou moins accentuée selon les régions, à disparaître. » Quelques rapports d'administrateurs donneront une vue plus nette des choses.

« Épuisés par une longue série de campagnes agricoles
malheureuses, n'ayant plus ou presque plus de cheptel,
criblés de dettes et sans crédit, les indigènes appartenant à ces fractions qui comprennent les Tafna, Zenata,
les Oulad Riah et une partie des Ouled Alaa, sont pour
la plupart arrivés à un degré d'appauvrissement tel que
leur relèvement paraît, sinon impossible, du moins très
difficile. Plusieurs fractions des Zenata et des Tafna's
n'ont même plus de cantonnements depuis la création du
centre de Montagnac et à la suite d'aliénations immodé-
rées, consenties par eux à des européens ; aussi doivent-
ils aujourd'hui louer à ces propriétaires des terrains sur
lesquels ils plantent leurs tentes. Il en sera encore de
même dans quelques mois dans les Ouled Alaa, pour certaines fractions expropriées pour l'agrandissement de
Sidi Youssef. La situation du douar-commune des Ouled
Riah, qui cependant n'a pas été atteint par la colonisation, est encore pire. Encore plus mal partagée peut-être
que les Tafna's et Zenata au point de vue de la répartition
des pluies, cette tribu est complètement ruinée par suite
d'une série de campagnes agricoles absolument infruc-
tueuses ; la misère y est si grande que bon nombre d'habitants ne s'y alimentent pendant toute l'année que d'un
tubercule nommé bouzouga et de racines de palmiers
nains. Aussi petit à petit, la population émigre-t-elle. C'est
ainsi que depuis trois ans, environ 80 familles ont abandonné leurs campements et se sont dispersées, après avoir
vendu leurs tentes dans les divers douars-communes de
l'arrondissement. L'émigration ne s'arrêtera pas là, et il
faut s'attendre aussi au dépeuplement à peu près complet
de ce territoire. En résumé, l'état matériel des divers
douars-communes de Remchi laisse beaucoup à désirer, et

il y a là une situation grosse de périls pour la sécurité
publique et de nature à mettre en échec la colonisation
dans le pays » (Administrateur de Remchi). L'administrateur de Zemmorah (1) déclare aussi qu'il considère la facilité accordée aux indigènes de se dépouiller de leurs terres
comme constituant un danger réel pour la tranquillité, la
sécurité générale de la colonie en même temps que la situation économique des indigènes (2). Faits regrettables,
mais faits locaux, répond la Commission de protection de
la propriété indigène. Hélas ! l'insurrection de Margueritte
aussi fut un fait local, et les lâches assassinats eurent
dans la colonie entière une profonde répercussion ; le
Gouvernement Général se méprenait si peu sur la gravité
du symptôme qu'il demandait d'urgence par circulaire,
des renseignements sur l'état économique et l'état des
esprits des indigènes.

« Les indigènes, à la suite de mauvaises récoltes, et
sollicités par des agriculteurs européens qui désiraient
constituer des domaines dans une région fertile, ont mé-

(1) Voyez sur la situation des indigènes de la commune mixte de
Zemmorah le rapport déposé par M. Pourquery de Boisserin au nom
de la sous-commission d'études de la législation civile en Algérie
(Paris, 1901).

(2) Extrait du rapport de l'administrateur d'Aïn Fezza : « Éprouvés
par une série de mauvaises récoltes, les indigènes ont dû recourir
à des emprunts onéreux et ils se trouvent actuellement à la merci des
usuriers qui les dépouillent peu à peu de ce qu'ils possèdent... Les
surfaces cultivables de la commune mixte sont possédées pour les deux
tiers par les européens. » Le nombre important des aliénations consenties par les indigènes a eu pour conséquence dans la commune un
état de misère presque général et, une situation économique, dont le résultat peut constituer un grand danger au point de vue de la sécurité.
En effet, les indigènes privés bientôt de tout moyen d'existence n'hésite-
ront pas à recourir au vol et à l'assassinat pour se procurer des ressources » (cité par M. Pouyanne, *Contribution à l'enquête agricole, art. cit.*).

susé et au delà de tout ce qu'il était permis de supposer, des facilités pour aliéner que leur donnait la loi du 26 juillet 1873. D'autre part, l'aliénabilité des terres les ayant rendues plus facilement saisissables, aux ventes volontaires sont venues s'ajouter les ventes par autorité de justice sur saisie immobilière ou sur licitation, et dans quatre douars la majeure partie de la population a été promptement dépossédée de ses propriétés, sans recueillir aucune compensation pécuniaire durable. Le mal est à peu près irrémédiable dans 4 douars sur 7, où la population indigène ne possède plus que des superficies territoriales tout à fait hors de proportion avec ses besoins. En effet, dans le douar Sidi Daho, il ne reste plus à une population de 1.345 habitants, qu'une surface de 2.071 hectares. Encore convient-il de défalquer de cette superficie un domaine de 1.500 hectares environ, possédé par une seule famille indigène, celle des Ben Chicha, ce qui réduit à 600 hectares en chiffres ronds l'étendue encore possédée par les indigènes ; la proportion par habitant est donc de 45 ares environ ; elle est de 75 ares à Souf et Tell, de 1 hectare 70 ares à Allal, de 1 hectare 20 ares à Sidi Ben Adda (Administrateur d'Aïn Temouchent) (1).

(1) « Le territoire est cultivé sur tous les points où la nature du sol le permet ; cette surface est très faible ; la situation économique est fort mauvaise et s'aggrave chaque année. Dans un douar-commune la colonisation, et dans six autres, l'attribution rigoureuse à l'État des massifs boisés ainsi que des broussailles et des terrains seulement en pente, ont mis la population trop à l'étroit. Les résultats sont les suivants :

1° Diminution en 20 ans de plus d'un tiers dans le cheptel, lequel disparaît comme le constate avec inquiétude le service des contributions directes en ce moment même.

2° L'appauvrissement des campagnards indigènes à un degré tel que sur 400.000 francs d'amendes constatées à la recette des contributions di-

L'administrateur de Cacherou donne un tableau, indiquant les superficies possédées par les familles dans sa commune. Sur un chiffre total de 393 familles, 63 n'ont plus de terres du tout et 53 de ces familles absolument dépossédées, comptent de 5 à 15 membres ; 97 familles ont de 1 à 5 hectares, non pas par individu, mais pour tout le groupe et sur ces 97, 73 ont plus de 5 membres ; 100 familles ont de 6 à 10 hectares (96 de ces familles ont plus de 5 membres) ; 16 familles ont de 11 à 15 hectares, 45, de 16 à 20 hectares et 52 plus de 20 hectares, mais ces familles riches comptent toutes plus de 5 membres.

Et les exemples pourraient être multipliés. Quelquefois l'indigène a été victime des lois, quelquefois la densité de la population est cause de l'insuffisance des terres, généralement la cause des fléchissements inquiétants qu'accuse la production indigène se trouve dans l'insuffisance même du fellah (1) ; il succombe à la concurrence, loyale, mais acharnée que lui fait le colon ; il est obligé de vendre ses terres et ses troupeaux. Il est refoulé. M. Sabatier, notaire à Tlemcen, le reconnaît franchement. « Il ne peut plus y avoir de place dans le Tell que pour le paysan européen ou indigène qui épouse la terre. Si l'arabe ne veut pas être ce paysan,

verses de Sebdou, en répression de délits forestiers en 1898, 333 seulement ont pu être recouvrés, au prix de frais qui se sont élevés au chiffre énorme de 1.570 francs. Le chiffre des indigènes est de 13.171 habitants, les terres cultivables sont de 13.193 hectares, soit environ un hectare par habitant et en tenant compte de la jachère un demi-hectare seulement de terre cultivable par an ; c'est très insuffisant (Administrateur de Sebdou).

(1) Rapports des sous-préfets de Mascara et de Sétif, des administrateurs de la Mékerra, de Mascara, de Saïda, d'Hammam Rirha, de l'Ouarsenis, d'El-Kseur, du Guergour, de Taher, de Tiaret, de Takitount (*Documents de l'enquête de la Commission de protection de propriété indigène*).

il se condamne à périr, il se suicide. » Et l'administrateur de Cacherou dit dans son très remarquable rapport. « Il est bon, au point de vue de l'intérêt général et de la sécurité que les indigènes, dès qu'ils ont commencé à vendre des propriétés convoitées par les européens, leur cèdent tout ce qu'ils possèdent et aillent s'installer dans des régions où, ni la colonisation officielle, ni la colonisation par l'initiative privée, n'aient aucune chance de pénétrer c'est, je crois devoir le déclarer, le conseil que j'ai donné à plusieurs indigènes d'El Bordj. Il ne vous reste plus, leur ai-je dit, que très peu de terres. Si vous êtes sages, vous vendrez encore ces immeubles aux européens qui sont tout disposés à en faire l'acquisition. Vous n'avez aucune raison à prolonger votre séjour à El Bordj, puisque vous êtes obligés de louer ailleurs les terrains qui vous sont nécessaires pour subvenir à vos besoins. Avec l'argent provenant des ventes déjà consenties par vous et celui que vous retirerez encore en cédant le reste de vos propriétés, vous pourrez acheter des terres aux M'hamid, où vos coreligionnaires possèdent des surfaces considérables. Dans ces régions montagneuses où les Français ne pénétreront jamais, vous trouverez de grands parcours pour vos troupeaux et des terrains de culture qui vous procureront tous les grains nécessaires à votre existence et à l'entretien des animaux domestiques. Tandis que si vous persistez à rester à El Bordj, dans ce territoire couvert de nombreux vignobles, où vos troupeaux occasionnent continuellement des dégâts, on vous fera payer très cher tous les dégâts commis par vous et, succombant sous le poids des procès qui vous seront intentés, vous finirez dans la plus grande misère. »

Fellah du Tell ! quitte ces plaines fertiles où il n'y a

plus place pour ta paresse et ta primitive culture. La terre est au colon plus digne, mieux outillé. C'est la loi du progrès. C'est le beylik, c'est la France, qui par l'organe de son représentant, t'en donne le conseil. Peut-être y-a-t-il encore en Algérie quelques collines rocailleuses où tu pourras — avec la permission du service forestier — pousser tes chèvres et s'il n'y en a plus, tu n'auras qu'à t'en prendre à toi-même de ton malheureux sort ; suivant la forte expression du notaire Sabatier, tu t'es condamné à périr, tu te suicides !

L'injustice peut-être un excès d'équité. L'Algérie l'a compris. La colonisation a porté un coup décisif à la production indigène, mais ses progrès n'ont-ils pas réparé le mal? les colons le croient de bonne foi. L'administration algérienne est intervenue le plus heureusement du monde par quelques mesures efficaces, longuement étudiées et dont les excellents résultats sont le plus éloquent éloge.

ANNEXES

Nous ajoutons en annexes deux intéressantes monographies établissant le budget d'un fellah dans la région de Marengo et dans celle de Sidi-bel-Abbès. Nous devons les renseignements qui nous ont permis de rédiger le premier à M. A. J. van Vollenhoven. La deuxième est empruntée à la très savante monographie, que M. Delorme, rédacteur principal au Gouvernement Général de l'Algérie, a consacrée à l'arrondissement de Sidi-bel-Abbès.

Budget d'un fellah aisé dans la région de Marengo.

Ce fellah aisé et c'est un curieux exemple du morcellement

et de l'enchevêtrement des droits auquel se plaît l'indigène, a cinq sources de revenus :

1° Il est propriétaire d'une parcelle de 17 hectares environ, dont trois en broussailles. Il ne l'exploite pas lui-même mais la donne à un métayer. La mise en valeur incombe tout entière à celui-ci, qui abandonne au propriétaire la moitié de la récolte ;

2° Il est propriétaire d'un troupeau de vingt-cinq chèvres ; mais ces animaux sont élevés par un tiers. Comme propriétaire du troupeau il reçoit la moitié des produits ;

3° Il est locataire d'une parcelle de 11 hectares, dont 7 cultivables ; le prix de location est de 225 francs par an ;

4° Sur les 4 hectares non cultivables, il permet à ses coreligionnaires de construire des gourbis et cette location lui rapporte 20 francs par an ;

5° Sur une dernière parcelle enfin, de 5 hectares, il est khammès aux deux cinquièmes ; c'est-à-dire qu'il met en valeur lui-même sans recevoir aucune avance et paie le propriétaire en lui abandonnant deux cinquièmes de sa récolte.

Cet homme donc, propriétaire de 14 hectares cultivables, plutôt que de les mettre en valeur lui-même les loue et va louer lui-même 12 autres hectares cultivables ; il possède en toute propriété 3 hectares de broussailles ; il semblerait logique qu'il y élevât ses 25 chèvres, il préfère s'adresser à un tiers. Il est difficile de trouver un exemple plus saisissant de la crainte qu'a l'indigène d'entreprendre seul quelque chose. L'avenir l'effraie ; il veut partager les risques. En 1902, excellente année au point de vue agricole, ce fellah a équilibré de la façon suivante son budget.

Le contrat n° 1 lui a rapporté : 2 quintaux et demi de blé, 5 doubles décalitres de sorgho, 12 décalitres de figues et 21 francs en argent. Le contrat n° 2 figure pour mémoire, mais le contrat n° 3 lui a rapporté : 15 quintaux d'orge, 4 quintaux de blé, 2 doubles décalitres de pois, 1 double décalitre de maïs.